Luki Scheuer · Nürburgring

Herausgeber Nürburgring GmbH

Redaktion	Luki Scheuer
Layout und Gestaltung	Friedhelm Dausner
Fotos Umschlag	Bayerische Motorenwerke und Wilhelm Ostgathe
Lithografie und Druck	Druckhaus Koblenz
	ISBN 3-922 755-21-6

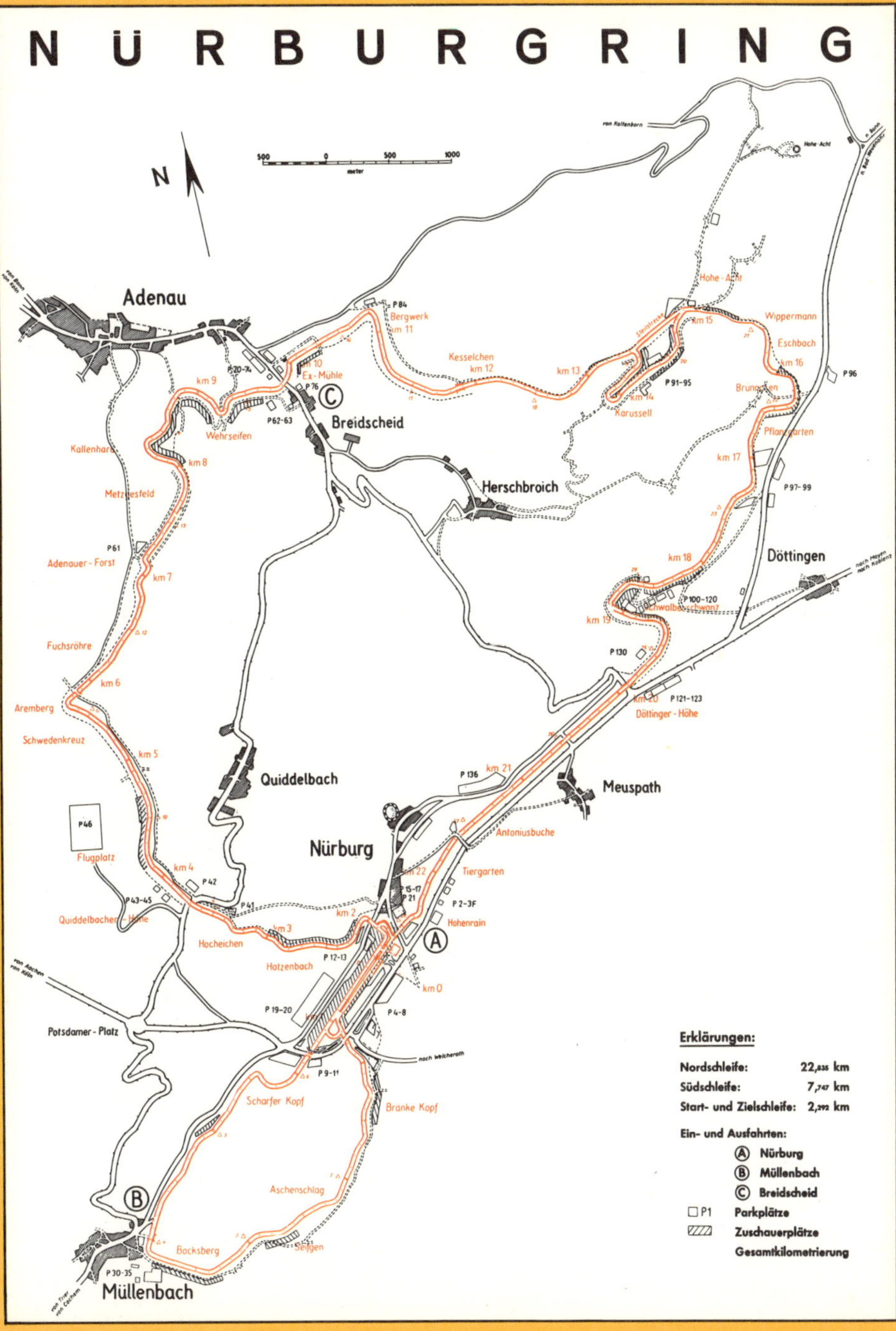
NÜRBURGRING
N
500 0 500 1000
meter
Adenau
Breidscheid
Herschbroich
Quiddelbach
Nürburg
Meuspath
Döttingen
Müllenbach
Potsdamer-Platz
Hohe-Acht
Bergwerk
Kesselchen
Karussell
Wippermann
Eschbach
Brunnchen
Pflanzgarten
Schwalbenschwanz
Döttinger-Höhe
Antoniusbuche
Tiergarten
Hohenrain
Hatzenbach
Hocheichen
Quiddelbacher-Höhe
Flugplatz
Schwedenkreuz
Aremberg
Fuchsröhre
Adenauer-Forst
Metzgesfeld
Kallenhard
Wehrseifen
Ex-Mühle
Scharfer Kopf
Bränke Kopf
Aschenschlag
Bocksberg
Seifgen
km 0
km 2
km 3
km 4
km 5
km 6
km 7
km 8
km 9
km 10
km 11
km 12
km 13
km 14
km 15
km 16
km 17
km 18
km 19
km 20
km 21
km 22
P 2-3F
P 4-8
P 9-11
P 12-13
P 15-17
P 19-20
P 21
P 30-35
P 41
P 42
P 43-45
P 46
P 61
P 62-63
P 76
P 84
P 91-95
P 96
P 97-99
P 100-120
P 121-123
P 130
P 136
nach Weicherath
Erklärungen:
Nordschleife: 22,835 km
Südschleife: 7,747 km
Start- und Zielschleife: 2,292 km
Ein- und Ausfahrten:
Ⓐ Nürburg
Ⓑ Müllenbach
Ⓒ Breidscheid
□ P1 Parkplätze
Zuschauerplätze
Gesamtkilometrierung

Luki Scheuer

NÜRBURGRING
Tradition und Fortschritt

NÜRBURGRING®

Herausgeber: Nürburgring GmbH

Rhenania-Verlag

Continental
3
4
5
6

Vorwort

Seit fast einem Menschenalter trägt der Nürburgring das Prädikat, schönste, aber auch anspruchsvollste Rennstrecke der Welt zu sein. Sechs Jahrzehnte lang ist der „Ring“ Anziehungspunkt für Millionen sportbegeisterter Besucher gewesen und damit gleichzeitig Existenzgrundlage vieler Menschen in der Hohen Eifel.

Weil für die Eifel unverzichtbar, mußte sich der Nürburgring den Herausforderungen des technischen Wandels, höherer Sicherheitsbedürfnisse und gestiegener Zuschaueransprüche stellen. Seine Träger, das Land Rheinland-Pfalz und der Landkreis Ahrweiler, haben daher, mit Hilfe des Bundes, einen neuen Nürburgring geschaffen. Er genügt allen Ansprüchen an eine moderne, internationale Sportstätte.

Unter erheblichen Anstrengungen ist es gelungen, das große Bauwerk fristgemäß und im Kostenrahmen fertigzustellen. Daran hat die heimische Bauwirtschaft maßgeblichen Anteil.

Ich danke allen, die zum Gelingen des Neubaus beigetragen haben. Dank auch dem Autor dieser Schrift, in der die Geschichte des alten und die Baugeschichte des neuen Nürburgrings nachgezeichnet ist.

Mögen sich alle Erwartungen, die in den Neubau gesetzt sind, erfüllen. Mögen sich alte und neue Rennstrecke ergänzen, ein Sinnbild für das harmonische Nebeneinander von Tradition und Fortschritt, zum Wohle der Menschen in der Eifel.

Dr. Wolfgang Brix
Staatssekretär als Vorsitzender des
Aufsichtsrates der Nürburgring GmbH

30. November 1981

Am Nachmittag des 30. November 1981 war es in der Eifel naß-kalt. Es fiel sogar etwas Schnee, und Temperaturen um den Gefrierpunkt ließen vereinzelt die Straßen glatt werden. Die Menschen in den Autos, die sich auf diesen Straßen befanden – mehr als sonst zu dieser Jahreszeit – waren aber trotz der Unbill des Wetters gut gelaunt, zeigten fröhliche Gesichter und ließen sich auch nicht aus der Ruhe bringen, wenn ein Fahrzeug einmal an einem Hang nicht so recht vorankam und menschliche Schiebekräfte gefragt wurden. Auch die Polizisten, zahlenmäßig stark vertreten, waren durchweg guter Dinge und betätigten sich mehr als Helfer und freundliche Lenker denn als grimmige Überwacher des Verkehrs.

Die Stimmung ist locker. Ziel der Autos ist nicht das Sporthotel Tribüne, sondern ein kleiner Platz links von der Zuschauertribüne der Südkehre neben der Bundesstraße. Ein Rednerpodest ist hier aufgestellt, und ein paar Fahnen, die im kalten Eifelwind flattern, sorgen für einen offiziell-feierlichen Anstrich. Es soll eine Feier stattfinden, die für die Eifelregion ebenso bedeutsam ist wie für den deutschen und den internationalen Motorsport. Der „erste Spatenstich" für den Bau einer Kurzrennstrecke im Nürburgring-Bereich, wie es damals offiziell heißt, steht bevor. Im Volksmund ist die Rede vom „neuen" Nürburgring.

Die Gäste kommen aus den Bereichen des Motorsports, aus Verwaltung und Politik, und natürlich sind auch die Mitarbeiter der Nürburgring GmbH dabei. Um 17.15 Uhr setzt der Ministerpräsident von Rheinland-Pfalz, Dr. Bernhard Vogel, auf dem Kopf einen Bauhelm mit dem Nürburgring-Emblem, unter Anleitung eines Baggerfahrers ein Frontladegerät in Bewegung und hebt die erste Baggerschaufel Erde für die neue Rennstrecke aus. Es ist förmlich, als höre man mit dieser Baggerschaufel Erde ganze Waggonladungen Steine von den Herzen der Leute fallen, die für diesen Moment fünf Jahre lang gekämpft, gearbeitet und gehofft haben. Nun gibt es keine Zweifel mehr: Die neue Rennstrecke wird gebaut, die wirtschaftliche Zukunft der Region behält ihr Standbein, und der Motorsport erhält ein Zentrum, das in der Vielfalt seiner Nutzungsmöglichkeiten und seiner Modernität einmalig in der Welt sein wird. Ein Kreis hat sich geschlossen. Die Überlegungen und Argumente, die zum neuen Kurs in der Eifel führten, gleichen denen, die 1925 für den Bau der ersten

Motorsportanlage, die erst später den Namen „Nürburgring" erhielt, angeführt wurden, ums Haar. Die Entstehungsgeschichte des neuen Motorsportzentrums Nürburgring kann daher nicht geschrieben werden, ohne daß die Geschichte des „Ur-Nürburgrings" mitgeschrieben würde. Die neue Rennstrecke bedeutet nicht den Bruch mit der Vergangenheit, sondern die konsequente Weiterführung eines in vieler Hinsicht bedeutungsvollen Werkes.

30. November 1981, 17.15 Uhr: Dr. Bernhard Vogel, Ministerpräsident von Rheinland-Pfalz, führt mit einem Bagger den Ersten Spatenstich für die neue Grand-Prix-Rennstrecke am Nürburgring aus.

Beginn und Aufstieg 1925–1939

Der Motorsport wurde gleichzeitig mit dem Auto geboren. Spätestens in dem Moment, da Autos verschiedener Erfinder und Fabrikate angeboten wurden, war auch der sportliche Wettbewerb mit „Motorwagen“ da. Nur der von einer neutralen Stelle, den Sportbehörden und Verbänden, kontrollierte Wettbewerb bot die Bühne, Konkurrenzprodukte zu vergleichen, zu beweisen, wer die bessere Maschine hatte. So stand beim Motorsport von Anfang an die Werbung mit im Vordergrund. Werbung, die auf dem sportlichen Erfolg aufbaute. Um aber Erfolg zu haben, mußte man besser sein als der Gegner, mußte technisch im Vorteil sein, mußte als Ingenieur die besseren, moderneren Ideen haben. So wurde der Motorsport zum großen Erprobungsfeld der Technik, zum Wegbereiter von Erfindungen, die dann später in die Serienproduktion von Autos und Motorrädern einflossen und so jedem ihrer „Normalbenutzer“ zugute kamen. Selbst Leute, die dem Motorsport sehr distanziert gegenüberstehen, können nicht bestreiten, daß ohne ihn der hohe technische Standard und die Verkehrssicherheit unserer heutigen Fahrzeuge nicht erreicht worden wäre.

Die erste Geschwindigkeitsprüfung, von Rennen sprach damals noch niemand, fand am 28. Juli 1894 in Frankreich statt. Die Strecke war 126 Kilometer lang und wurde vom Siegerfahrzeug mit der Durchschnittsgeschwindigkeit von

Alfred Neubauer, der legendäre Rennleiter von Mercedes Benz, in Aktion.

20,5 km/h absolviert. Die Zeitungen schrieben damals zum Teil schon von „Wahnsinn" und vom Rausch der Geschwindigkeit.

Der Motorsport machte rasche Fortschritte. Immer neue Veranstaltungen wurden aus der Taufe gehoben. Die Straßen, auf denen sich die oft über viele hundert Kilometer führenden Prüfungen abspielten, waren meist nicht als solche zu bezeichnen und hätten heutzutage jeder Rallye-Sonderprüfung das Prädikat „besonders schwierig" eingebracht. Unbefestigte Landstraßen, schlaglochübersät und mit reifenmordenden, scharfkantigen Schottersteinen belegt, waren die Rennstrecken. Doch bald regten sich gegen diese Art Motorsport Stimmen von Bürgern, die sich ihr Wochenende nicht von Staub und Motorenlärm verderben lassen wollten. Aber auch die Motorsportorganisatoren selbst sahen, daß angesichts steigender Geschwindigkeiten der Fahrzeuge Landstraßen, auch wenn sie für den normalen Verkehr gesperrt waren, nicht mehr das richtige Betätigungsfeld der tollkühnen Vollgasheroen darstellten. Der Ruf nach einer dem Motorsport und Testbetrieb reservierten geschlossenen Streckenlage wurde laut und auch gehört.

Im damaligen Deutschen Reich dachte man bereits 1904 nach dem Gordon-Bennett-Rennen und 1907 nach dem „Kaiser-Preis" an den Bau einer permanenten Rennstrecke, hatten diese Veranstaltungen doch gezeigt, daß Motorsport in der bis dahin gepflegten Form kaum noch möglich und wegen der Sicherheitsprobleme auch kaum noch zu verantworten war. Da in anderen Ländern bereits „permanente" Rennstrecken existierten bzw. im Bau waren, wollte man auch im Kaiser-Deutschland nicht abseits stehen. Es wurden auch konkrete Pläne für einen Standort in Erwägung gezogen. Dabei wurden Taunus, Lüneburger Heide und Eifel genannt. Der Auftraggeber für die Planungen war Kaiser Wilhelm II. höchstpersönlich. Daß die Eifel bei dem Rennen um den Standort von Anfang an gut im Rennen lag, belegt ein Artikel der „Adenauer Zeitung" vom 12. Juli 1907, in dem es unter anderem heißt:

„Über die neue Automobilrennbahn schreibt neuerdings nochmals die Kölnische Zeitung. Sie sagt, daß als Ort der Rennbahn die Lüneburger Heide und die Eifel in Aussicht genommen waren. Da aber die Heide nur geringe Höhenunterschiede hat, also nur das Terrain für eine Rennbahn, nicht für eine Schwierigkeitsbahn liefern kann, so kommt lediglich die Eifel in Frage. Herr von Friedländer-Fuld hat auch die Zustimmung des Kaisers erhalten, daß die Eifel für die Rennbahn in Aussicht zu nehmen sei. Bei der großen Sympathie, die der Kaiser und der Kronprinz der Eifel entgegenbringen, ist das sehr erklärlich." Für die Eifel als Standort einer „Renn-

bahn“ werden dann neben der bereits erwähnten kaiserlichen Gunst handfeste Gründe angeführt:

„Bei der stellenweise dünnen Besiedlung, den zahlreichen Hochflächen, die von tiefeingeschnittenen Tälern mit großartigen Naturschönheiten begrenzt werden und sowohl weitebene Flächen als auch starke Neigungen und Senkungen, große Niveauunterschiede und scharfe Kurven bieten, gibt es mehr als ein Dutzend Gebiete in der Eifel, die allen gestellten Bedingungen genügen. Große Städte sind leicht zu erreichen. Schließlich ziehe man noch die Nähe der holländischen, belgischen und luxemburgischen Grenze und den günstigen Umstand in Betracht, daß der weitaus größte Teil der Waldungen fiskalischer und kommunaler Besitz ist. Es ist nicht zu verkennen, daß die neue Bahn von großer Bedeutung für die Eifel ist und weite Strecken bisher wenig bekannter und besuchter Gegenden wirtschaftlich erschließen kann.“

In diesem Artikel wird bereits klar, daß ein möglicher Rennstreckenbau in der Eifel nicht nur von den Erfordernissen der Automobilindustrie und des Motorsports bestimmt wird, sondern hier die wirtschaftlichen Interessen einer Region eine ebenso große Rolle spielen. Mit dem möglichen Standort der „Eifel-Rennbahn“ befaßt sich ein weiterer Bericht der „Adenauer Zeitung“, erschienen am 14. September 1907:

„In einem Artikel über die Automobil-Übungs- und Rennbahn in der Rheinprovinz schildert die Koblenzer Zeitung den derzeitigen Stand des Projekts. Danach liegen den betreffenden Kommissionen des kaiserlichen Automobilklubs zahlreiche Projekte aus der Westeifel, Osteifel und vom Hunsrück vor. Besonders die Projekte aus der Osteifel seien zur Verwirklichung geeignet; sie seien frei von den Nachteilen, welche dem zuerst genannten Projekt des Professors Frenzen, Aachen, für die Westeifel anhaften. Aus den Projekten in der Osteifel nennt die Koblenzer Zeitung zunächst das, welches die zwischen Ahr und Brohl (Anmerkung des Verfassers: Gemeint ist hier sicher der Brohlbach) sich erstreckenden Höhen betrifft; ein zweites zieht sich vielfach gekrümmt auf dem Bergland östlich der oberen Ahr in der Gegend von Adenau hin. Ein drittes, das sogar einen Umfang von 100 Kilometern hat, wie anfangs gefordert wurde, während man sich jetzt mit 50 Kilometern begnügen will, erstreckt sich über einen weiten Raum des Hauptgebirgsstocks der Eifel zwischen Mayen und Daun. Bei einem vierten, das der Freiherr von Solemacher in Namedy ausgearbeitet hat, beginnt die Bahn bei Andernach auf dem Krahnenberge, läuft dann nördlich des Laacher Sees bis an die obere Nette in die Gegend von Engeln an der Brohltalbahn und kehrt ungefähr gleichlaufend wieder

Hacke und Schaufel waren die wichtigsten Hilfsmittel der Arbeiter beim Bau des Nürburgrings von 1925 bis 1927. Hier wird die Nordkehre angelegt.

nach Andernach zurück. Dieser zuletzt genannte Entwurf empfiehlt sich besonders wegen seiner geschickten Linienführung und sonstiger technischer Vorzüge."

Diese Berichte zeigen, daß genügend Projekte diskutiert wurden und man auch ernsthaft an die Sache heranging. Doch dann wurde es ruhig, sowohl um den Bau einer Rennbahn als auch um den Motorsport insgesamt gesehen. Den Kaiser interessierten wohl mehr andere als sportliche Motorfahrzeuge, und statt an eine Rennbahn dachten viele Verantwortliche des Reiches eher an den Bau von Aufmarschstraßen.

Sofort nach dem Ersten Weltkrieg entsann man sich trotz wirtschaftlicher Schwierigkeiten des Motorsports. Das Automobilzeitalter faßte erst richtig Tritt. Das starke Interesse, das allgemein der privaten Motorisierung entgegengebracht wurde, erstreckte sich auch auf den Sport. Und damit wurde deutlich, daß einfach Strecken fehlten, diesen Sport auszuüben. Die Gedanken von 1907 wurden aufgegriffen: Natürlich war die Eifel wieder im Gespräch. Dies nicht etwa in erster Linie, weil die geographischen Gegebenheiten hier besonders günstig waren, sondern vor allem, weil man mit dem Bau einer Rennstrecke und dem späteren Betrieb die trostlose wirtschaftliche Situation in diesem Gebiet, das nicht ohne Grund „Sibirien Preußens" genannt wurde, verbessern wollte. Das Leben der Menschen in der Hocheifel spielte sich damals meist am Existenzminimum ab. Landwirtschaftliche Kleinbetriebe konnten auf unfruchtbaren Böden oft nicht das erwirtschaften, was zum Unterhalt der meist kinderreichen Familien notwendig war. Viele junge Menschen verließen ihre Heimat, um in der Fremde bessere Lebensbedingungen zu finden. Wegen der ungünstigen Verkehrslage war mit der Ansiedlung von Industrie nicht zu rechnen.

Reichlich vorhanden waren allerdings Grundstücksflächen, meist mit Wald oder Hekken bewachsen. Der damals noch existierende Kreis Adenau umfaßte 550 Quadratkilometer Land, auf dem lediglich 25 000 Menschen in sage und schreibe 107 Gemeinden lebten. Die Dörfer machten alles andere als einen guten Eindruck. Die Armut schaute aus allen Ritzen. An Fremdenverkehr war überhaupt nicht zu denken, da die dafür notwendige Infrastruktur auch nicht ansatzweise vorhanden war. Eine Motorsportstätte mit internationaler Bedeutung bot hier die Chance für einen grundlegenden Wandel zum Guten.

Ein wichtiger Anstoß für die Rennstrecke kam aus Köln. Dort hatte der Gau 4 des Allgemeinen Deutschen Automobil Club (ADAC) seinen Sitz. Dieser Gau wollte unbedingt in seinem Bereich, der das damalige Rheinland umfaßte,

Als große technische Errungenschaft wurde beim Bau des ersten Nürburgrings eine Lorenbahn betrachtet. Hier ist sie in einem Abschnitt oberhalb der Stadt Adenau im Einsatz.

eine Rennstrecke bauen. Organisatorisch hatten die Kölner schon Erfahrung mit einem Rennen rund um den Eifelort Nideggen gesammelt. Dort wurde auf unbefestigten Straßen gefahren, und das Rennen hatte sich als „Eifel-Tourist-Trophy" einen Namen gemacht.

Die ADAC-Verantwortlichen sahen jedoch, daß die Zukunft des Motorsports auf permanenten Rennstrecken liegen mußte. In seinen Bestrebungen wurde der ADAC vom damaligen Oberbürgermeister Kölns, Dr. Konrad Adenauer, dem späteren ersten Bundeskanzler der Bundesrepublik Deutschland, unterstützt. Beim Empfang für die Teilnehmer der Deutschlandfahrt 1923, einer damals sehr beliebten und bekannten Veranstaltung, vergleichbar mit einer Rallye unserer Tage, versprach Adenauer, sich für den Bau einer Rennstrecke einzusetzen. Gedacht war an einen 4,5 Kilometer langen Betonkurs im unmittelbaren Einzugsbereich der Domstadt. Die Ausführung des Planes scheiterte am fehlenden Geld. Der ADAC verhandelte dann mit der Stadt Münstereifel, wo man bereit war, ein Gelände im Stadtwald zur Verfügung zu stellen. Auch dieses Projekt scheiterte, da die notwendigen Finanzmittel nicht aufzutreiben waren.

Da besann man sich in Adenau und in Nürburg der Tatsache, daß man ja selbst einmal im Gespräch gewesen war. Auslösendes Moment war sicher ein Gespräch, das Franz Xaver Weber, Kreistags- und Kreisausschußmitglied aus Adenau, Hans Pauly, der Gemeindevorsteher von Nürburg, und Hans Weidenbrück aus Bonn, der Pächter der Nürburger Gemeindejagd, anläßlich des Besuchs des Rennens in Nideggen führten. Wir zitieren hier aus einem Bericht Franz Xaver Webers über das Ereignis, das wahrscheinlich als „Geburtsstunde des Nürburgrings" gelten kann:

„Während des Trainings und des Rennens waren die Straßen für Menschen und Tiere gesperrt. Eine Teerbehandlung der Straßen kannte man noch nicht. Durch die Unzulänglichkeit der Straßen (Staub und Schlaglöcher) fielen allzu viele Fahrzeuge aus. Die Bauern gingen trotz des Verbots auf die Straße — es war ja alles ruhig — und wenn ein Fahrzeug heranbrummte, ging man gelassen zur Seite. Wir drei unterhielten uns über die damit verbundenen Gefahren, denen die Zuschauer und Rennfahrer ausgesetzt waren. Im Laufe des Gesprächs sagte Weidenbrück: ‚Bei Euch auf der Nürburg ist es so wunderschön. Diese schöne Gegend verdient es wirklich, wenn sie einem größeren Personenkreis bekannt gemacht wird. Wenn wir dieses Rennen hier, das auf die Dauer gesehen auf diesem Kurs unmöglich wird, von Nideggen nach Adenau und Nürburg ziehen könnten, das wäre wunderschön.' Wir begeisterten uns alle für diesen von Weidenbrück angeregten Plan. Wir ka-

Während der Bauphase wohnten die Arbeiter
in Baulagern wie diesem auf der Quiddelbacher Höhe.

men überein, daß Weidenbrück den Plan dem ADAC vortragen sollte, während Pauly und ich versprachen, in Nürburg und Adenau die Sache vorzubereiten."

Der Kreis Adenau hatte gerade erst wenige Monate zuvor einen neuen Landrat bekommen. Er hieß Dr. Otto Creutz und war dem neuen Projekt gegenüber sofort sehr aufgeschlossen, da er rasch erkannt hatte, daß sich hier eine Chance bot, die Eifel dem Tourismus zu erschließen und damit die Armut in diesem Gebiet zu lindern. Dr. Creutz begründete eine Tradition, denn bis auf den heutigen Tag waren es immer wieder die Landräte des Kreises Ahrweiler, in dem der Kreis Adenau später aufging, die sich leidenschaftlich für den Nürburgring engagierten, wann immer das gefordert war.

Der Gauvorstand des ADAC – durch die Absagen von Köln und Münstereifel enttäuscht, reiste nicht allzu optimistisch gestimmt zum ersten Gespräch nach Adenau. Dort hatte man inzwischen einen dem ADAC angeschlossenen Automobil-Club gegründet, dessen Vorsitz Landrat Dr. Creutz übernommen hatte. Der Club sollte als Träger der noch zu bauenden Rennstrecke auftreten. Franz Xaver Weber berichtet über das erste Treffen des Gauvorstandes mit dem Club-Vorstand:

„Nach einer Ortsbesichtigung vom Turm der Ruine Nürburg aus setzte man sich im Café Weber in Adenau an den Verhandlungstisch. In dieser Sitzung wurden nun einzelne Vorschläge besprochen. Sinn und Zweck war es, das bestehende Straßennetz nach Möglichkeit nicht zu benutzen. Einmal, als doch eine Dorfstraße miteinbezogen werden sollte, konterte Landrat Dr. Creutz mit lauter und erhobener Stimme: ‚Das kommt überhaupt nicht in Frage. Ich lasse doch die Kühe meiner Bauern nicht über den Haufen fahren. Ich bin in erster Linie für die Bevölkerung hier und dann erst für die Autofahrer.' Damit schien die Besprechung gescheitert, und die Kölner Herren sprachen alle von der dritten Enttäuschung. Eine trostlose Pause entstand, keiner sprach ein Wort. Da auf einmal entwickelte Dr. Creutz einen ganz neuen Plan. Er sprach von einer vollständig neuen Rennstrecke, einer Gebirgsrennstrecke, die sich um die Nürburg herumschlängeln sollte mit Über- und Unterführungen, wodurch kein Landwirt belästigt würde, andererseits aber auch keine Belästigungen für die Fahrer zu befürchten seien. Es war der Plan einer in sich geschlossenen Rennstrecke. Alle glaubten zunächst an einen Scherz.

Als Dr. Creutz seine Worte wiederholte und bekräftigte, waren alle begeistert, und der Sportleiter des Gaues Rheinland, Max Schleh, sagte mit freudigem Gesicht: ‚Ja, Herr Landrat, das wäre wohl die richtige Rennstrecke, die wir uns wünschen, aber wo nehmen wir die Mittel her?'

Hierauf erwiderte der Landrat mit einer Handbewegung: ‚Das laßt nur meine Sorge sein, das schaffe ich schon.'" Landrat Dr. Creutz setzte seinen Optimismus in die Tat um. Zwei Tage nach diesem Gespräch saß er bereits im Zug nach Berlin, um in den zuständigen Ministerien des Reiches und des Landes Preußen das Rennbahnprojekt vorzustellen und die notwendigen Mittel lockerzumachen. In Berlin fand Dr. Creutz einen Freund der Eifel in wichtiger Position, der manche Tür öffnen half, die dem Landrat aus Adenau sonst verschlossen geblieben wäre. Staatssekretär Dr. Erich Klausener, einst selbst Landrat in Adenau, wies die Delegation aus der Eifel auf die finanzielle Gewaltaktion hin, die der Rennstreckenbau erfordern würde, meldete die Abordnung aber bei den entscheidenden Stellen an und machte gut Wetter für ihr Projekt. Staatssekretär Borchard vom Wirtschaftsministerium erklärte dann, so Franz Xaver Weber: „Der Regierungspräsident von Koblenz bekommt von uns in diesem Jahr drei Millionen. Damit kann er nun in Koblenz eine neue Rheinbrücke bauen oder Euch eine Rennbahn. Mir soll es gleich sein."

Vielleicht war es ein Glück für die Rennstrekkenbefürworter, daß die konjunkturelle Lage im Reich äußerst schlecht war und hohe Arbeitslosenzahlen den Verantwortlichen Kummer bereiteten. Die Reichsregierung und das Land Preußen hatten verschiedene Notprogramme aufgelegt, und die Leute aus der Eifel sahen nun ihre große Chance. Am 15. April 1925 fanden im Preußischen Wohlfahrtsministerium und im Reichsverkehrsministerium die ersten Gespräche über die Anerkennung des Rennstreckenbaus als „Notstandsmaßnahme im Rahmen der produktiven Erwerbslosenfürsorge" statt. Am 18. Mai des gleichen Jahres beschloß der Kreistag von Adenau einstimmig den Bau der „Gebirgs-, Renn- und Prüfungsstraße". Am 13. Juni wurde das Ravensburger Ingenieurbüro G. Eichler mit der Bauleitung beauftragt.

Als am 24. Juni 1925 die fertigen Entwürfe öffentlich ausgelegt wurden, erhob sich ein Sturm der Entrüstung. Naturschutzverbände und der Eifelverein wollten von einer Rennbahn absolut nichts wissen. Es kam zu einer Versammlung der Befürworter und Gegner des Projekts. Der Koblenzer Regierungspräsident leitete das Gespräch. Schließlich wiesen die verantwortlichen Behörden die Einsprüche zurück.

Am 13. August 1925 war es dann endgültig soweit: Das Preußische Wohlfahrtsministerium nahm den Bau in sein „besonders förderungswürdiges großes Notstandsprogramm" auf. Am selben Tag noch wurde die Baugenehmigung erteilt. Damit waren die bürokratischen Hürden für ein Projekt aus dem Weg geräumt, das dem Motorsport eine Heimat, den Menschen eine

In der ersten Startreihe der großen Sportwagen standen am 19. Juni 1927 beim Eröffnungsrennen drei Mercedes. Die Startnummer 1 war für Rudolf Caracciola ein gutes Omen: Er gewann.

Großer Preis von Deutschland 1927:
Der 6,8-Liter-Kompressor-Mercedes mit Otto Merz am Steuer und Beifahrer Eugen Salzer
wird als Sieger abgewinkt.

bessere wirtschaftliche Zukunft und der Eifel weltweiten Bekanntheitsgrad bringen sollte.

Am Anfang der Planungen stellten sich die Ingenieure und die Sportleiter der Verbände die Frage, welche Art von Rennstrecke gebaut werden sollte. Die Entscheidung mußte zwischen einer Hochgeschwindigkeitsstrecke mit Steilkurven und einer schwierigen „Prüfungsstraße" fallen. Die Befürworter der Meinung, eine Rennstrecke habe in erster Linie ein Ort zur Prüfung von Fahrkönnen und Material zu sein, setzten sich durch. Zum Glück, kann man heute nur sagen. Eine sterile Hochgeschwindigkeitspiste mit wenigen überhöhten Kurven hätte nie den Nimbus erreichen können, den der Nürburgring heute noch hat. Ein Nimbus, der entstanden ist aus dem Wissen, daß diese Rennstrecke in der Eifel in ihren Anforderungen an Mensch und Maschine unvergleichlich ist.

Die Entscheidung für die „Prüfungsstraße" gab den späteren Streckenverlauf vor. Die Strecke wurde den landschaftlichen Gegebenheiten angeglichen. Zwei Faktoren bestimmten die Streckenlänge. Die Planer dachten an große Starterfelder bei den Rennen, die sich auf einer langen Strecke auseinanderziehen würden, was ein erhebliches Plus an Sicherheit bringen würde. Der zweite Grund für eine lange Strecke lag darin, daß die umliegenden Gemeinden möglichst alle in der Nähe der neuen Attraktion sein wollten. Sie stellten dann auch Gemeindeland für die Rennbahn kostenlos zur Verfügung.

Schließlich wurde ein Plan vorgelegt, der einen Kurs von 28,265 Kilometer Länge vorsah, in sich aber wieder in Einzelabschnitte, sogenannte Schleifen, aufgeteilt war. Neben dem bereits erwähnten Gesamtkurs gab es die 22,810 Kilometer lange Nordschleife, die 7,747 Kilometer lange Südschleife und die 2,238 Kilometer lange Start- und Zielschleife.

Gerangel gab es um die Anlage von Start- und Ziel. Jede Anrainergemeinde hätte natürlich diesen wichtigen Platz gern auf ihrem Gebiet gehabt. Besonders die Stadt Adenau als Sitz der Kreisverwaltung warf sich mächtig ins Zeug und bot gleich mehrere Lösungen an, die aber nacheinander verworfen wurden.

Als am günstigsten erkannt wurde eine Hochfläche bei Nürburg. Dort war es eben, und es gab genug Platz für Tribünen, Fahrerlager und Boxen. Mit 616 Metern war es gleichzeitig der höchste Punkt der Strecke, deren tiefster bei dem Ort Breidscheid mit 310 Metern markiert wurde. Mit Kurven wurde nicht gegeizt. Damals sprach man von insgesamt 172, davon 88 Links- und 84 Rechtskurven. Viele Jahre später wurden weniger Kurven angegeben, da durch kleine Veränderungen Biegungskombinationen entstanden, die man jeweils als eine Kurve ansah. Die Bahn sollte nach den Plänen im Durch-

Elisabeth Junek nach ihrem Sieg in der Klasse 1500 – 3000 cm^3 beim Großen Preis von Deutschland 1927. Die Begeisterung für die elegante Pragerin kannte keine Grenzen.

schnitt acht Meter breit sein. Im Start- und Zielbereich war auf 500 Meter Länge eine Breite von 20 Metern vorgesehen. An die Sicherheit der Zuschauer wurde ebenfalls gedacht. Die Publikumsbereiche wurden an Stellen angelegt, die erheblich höher als die Fahrbahn lagen. Weiter waren technische Einrichtungen vorgesehen, die für die damalige Zeit neue Maßstäbe für die Ausrüstung einer Rennstrecke setzten. Dazu gehörte das Start- und Zielhaus, in dem die Rennleitung, die Leitung des Rettungsdienstes, die Zeitnahme, die Nachrichtenübermittlung und die Verbindungsstelle zur Presse residieren sollten.

An 50 Boxen sollten während eines Rennens Reparaturen und Reifenwechsel durchgeführt und die Fahrzeuge aufgetankt werden können. Über eine Zeittafel und eine Rundenzählanzeige sollten die Zuschauer auf dem Terrassenplatz über den Stand des Rennens unterrichtet werden. Die Fahrzeuge und der Troß sollten in einem großzügig angelegten Rennfahrerlager, das 70 abschließbare Boxen enthielt, Aufnahme finden. Um die gesamte Strecke sollte sich ein Telefonnetz ziehen, das mit 16 Haupt- und 72 Nebenposten die Gewähr für jederzeit störungsfreie und schnelle Nachrichtenübermittlung, etwa bei Unfällen, bot. Die Haupttribüne war für 2500 Zuschauer ausgelegt. Am Haupteingang sollten zwei Gebäude als Sitz der Verwaltung entstehen. Am 27. September 1925 wurde auf dem Gelände vor dem späteren Hauptaufgang zum Terrassenplatz der Grundstein gelegt. Der Oberpräsident der Rheinprovinz, Dr. Fuchs, hielt die Festrede. In seinen letzten Sätzen ging er deutlich auf die Gründe für den Bau der Rennstrecke ein. Sie haben von ihrer Aktualität nichts eingebüßt, deshalb seien sie hier wiedergegeben:

„Ich habe von diesem herrlichen Lande gesprochen, das an landschaftlicher Schönheit kaum einem anderen in unserem Vaterland nachgibt. Aber der landschaftlichen Schönheit entsprechen keinesfalls die wirtschaftlichen Verhältnisse. Die gewaltigen Höhen, der kärgliche Boden können der Bevölkerung nicht die erforderliche Existenz geben. Seit einem Jahrhundert mühen sich der preußische Staat und die Rheinprovinz ab, die wirtschaftlichen Verhältnisse zu bessern. Ich freue mich über das Einsehen der Vertretung dieses Kreises, daß sie nach neuen Wegen gesucht hat, um der Bevölkerung ihr schweres Los erträglicher zu machen. Unser aller Pflicht ist es, dieses Unternehmen zu fördern."

Ihren Namen, der zu einem Markenzeichen werden sollte, erhielt die „Erste Deutsche Gebirgs-, Renn- und Prüfungsstrecke im Kreis Adenau" vier Wochen nach der Grundsteinlegung. Der Regierungspräsident a. D., Wirklicher Geheimer Oberregierungsrat Dr. Kruse aus Bad

Die 7-Liter-Sechszylinder-Kompressor-Sportwagen von Mercedes bestimmten
das Geschehen beim Großen Preis von Deutschland 1928.
Sie belegten die ersten drei Plätze.

Godesberg, nannte die Strecke „Nürburgring". Die Baumaßnahme war in vier Abschnitte aufgeteilt, für die die Arbeiten schon am 14. August vergeben worden waren. Da das Projekt als Notstandsmaßnahme anerkannt war, durften für die Arbeiten nur bis dahin Arbeitslose eingesetzt werden. Im bevölkerungsarmen Landkreis Adenau allein waren nicht genug Arbeitskräfte aufzutreiben, so daß Arbeiter aus dem gesamten Regierungsbezirk Koblenz hinzugezogen wurden. Der Einsatz an Menschen ist heute kaum vorstellbar. Zeitweilig zählte man bis zu 2300 Beschäftigte. Wichtigste Arbeitsgeräte waren Hacke und Schaufel, bedeutendstes technisches Hilfsmittel war eine Lorenbahn.

Die vielen Arbeiter mußten natürlich untergebracht und verpflegt werden. Auf der Quiddelbacher Höhe, in Breidscheid, in Nürburg und an der Hohen Acht wurden Barackenlager für jeweils 200 Mann angelegt. Die Baracken und die Nebengebäude wurden — Holz war ja in überreichem Maß vorhanden — an Ort und Stelle gezimmert. Die Menschen in den Orten merkten schon in der Bauphase, daß der Nürburgring ihnen Vorteile brachte. In den Dorfkneipen stiegen die Umsätze um ein Vielfaches, in den kleinen Lebensmittelläden, den Bäckereien und Metzgereien ebenfalls, und auch bei manchem Landwirt klingelte es im Geldbeutel, wenn eine Seite Speck oder ein Pfund Butter gegen Bares den Besitzer wechselte. Noch einen positiven Aspekt hatte die Baumaßnahme: Mancher Nürburgring-Arbeiter fand hier die Frau fürs Leben.

Ende Oktober 1926 war die Trasse mit dem Unterbau fertig. Wegen schlechten Wetters und der zu erwartenden Winterfröste verschob man den weiteren Ausbau der Oberfläche in das nächste Frühjahr. Dann ging es zügig weiter, so daß der 18./19. Juni 1927 als Eröffnungstermin der neuen Rennstrecke festgesetzt werden konnte. Berücksichtigt man die Streckenlänge und das schwierige Gelände, so muß die Leistung, die hier in weniger als zwei Jahren vollbracht wurde, als „gigantisch" bezeichnet werden.

Im Verlauf der Bauphase war die Kostenberechnung mehrmals völlig über den Haufen geworfen worden. Dies ist verständlich, denn bei der Festsetzung der Baumassen mußten sich die Finanzleute oft auf Schätzungen verlassen. Außerdem fehlte ein vergleichbares Objekt, an dem sie Maß hätten nehmen können. Anfang 1925 wurden die zu erwartenden Kosten auf 2,5 Millionen Reichsmark geschätzt. In seinem ersten Kostenvoranschlag kam das Baubüro Eichler bereits auf vier Millionen. Darin enthalten war aber keine Mark für Hochbaumaßnahmen, da noch nicht sicher war, ob diese als Notstandsmaßnahme anerkannt würden. Absehbare Mehrausgaben machten einen zweiten Kosten-

Die Rennstrecke war noch nicht fertig, doch vor Caracciola und Merz machten Motorsportenthusiasten wie der Nürburgring-Mitinitiator Hans Weidenbrück ihre Probefahrten. Das Bild zeigt die „Fuchsröhre" im Rohbau.

anschlag notwendig. Er umfaßte 5,5 Millionen Mark und wurde am 19. Juli 1926 vom Kreistag Adenau verabschiedet. Kein halbes Jahr später konfrontierte die Bauleitung den Kreistag mit dem dritten Kostenanschlag, der weitere 2,6 Millionen Reichsmark als notwendig auswies. Auch die nunmehr insgesamt 8,1 Millionen Mark wurden abgesegnet. Doch noch vor dem Eröffnungsrennen wurde klar, daß weitere 2,4 Millionen Mark aufgebracht werden mußten. Die Belastung des Kreises Adenau stieg damit auf 5,5 Millionen Reichsmark, eine ungeheure Summe, wenn man die schwache Finanzkraft des Kreises bedenkt. Diese erdrückende Last konnte auf lange Sicht vom Kreis Adenau nicht getragen werden, was dazu führte, daß im Juli 1928 eine Gesellschaft mit beschränkter Haftung gegründet wurde.

Als die Rennstrecke bereits im Betrieb war, wurden für ihre Fertigstellung weitere vier Millionen Reichsmark ausgegeben, so daß die Gesamtbaukosten 14,1 Millionen Mark betragen haben. Die hohe Verschuldung war mit ein Grund dafür, daß der Kreis Adenau seine Selbständigkeit verlor und in den Landkreis Ahrweiler integriert wurde. Wohl selten aber hat eine Verwaltung Schulden gemacht, die den Bürgern ihres Bereichs so viel Nutzen gebracht haben.

In den letzten Wochen vor dem am 18./19. Juni vorgesehenen Eröffnungsrennen bekam der Bauablauf zum Teil hektische Züge. Schließlich aber war alles gerüstet. Die Arbeiten, die noch nicht erledigt waren, konnten auch zu einem späteren Zeitpunkt ausgeführt werden, ohne daß der Rennbetrieb in Mitleidenschaft gezogen wurde. Das erste Rennen auf dem neuen Kurs wurde an den ADAC vergeben, dessen Gau Rheinland sich ja von Anfang an beharrlich für den Rennstreckenbau eingesetzt hatte. So erhielt denn das zuvor bei Nideggen ausgetragene Eifelrennen, eine Veranstaltung für Wagen und Motorräder, den Zuschlag. Damit sollte eine Tradition entstehen, denn das ADAC-Eifelrennen wurde in der Zukunft zu einer der wichtigsten Veranstaltungen auf dem Nürburgring und hat sich bis heute gehalten. Gehalten hat sich auch das Engagement seiner Organisatoren für die Eifelrennstrecke.

Das gut gemachte Eröffnungsplakat zeigt einen Rennwagen und ein Rennmotorrad vor der Kulisse der Nürburg. Die Natur kommt auf dem Plakat in Form von tiefgrünen Tannenbäumen ebenfalls nicht zu kurz. Als der große Tag kam, strömten die Massen aus allen Himmelsrichtungen heran. Die Menschen in der Eifel sahen es mit fassungslosem Staunen. Allein 3000 Fahrzeuge waren an einer Zielfahrt beteiligt. Der Strom zum Nürburgring setzte schon Tage vor der Veranstaltung ein. Die Eifeler erholten sich rasch von ihrem Staunen und merkten bald, daß

Es war körperlich sehr anstrengend, die riesigen Wagen stundenlang über den kurvenreichen Nürburgring zu jagen. Die Aufnahme zeigt den Siegerwagen des GP 1928, einen Mercedes-Benz SS, gefahren von Rudolf Caracciola und Christian Werner.

Die Rennwagen des Ettore Bugatti, genannt „Zauberer von Molsheim", waren auch auf dem Nürburgring immer für Klassensiege gut. Hier fährt Willi Seibel mit Beifahrer Karl Michel seinen Bugatti Typ 37 A vor einem Konkurrenten durch die Hatzenbach.

dieser Ansturm der Massen eine gute Gelegenheit war, ein paar Mark zu verdienen. Da wurde so manche Kammer ausgeräumt und an das Rennvolk vermietet, so mancher Hof wurde mit dem Reisigbesen saubergefegt, damit die zahlenden Gäste keine schmutzigen Schuhe bekamen, wenn sie vom Haus zum meist neben dem Mistplatz stehenden Häuschen mit dem Herzausschnitt gingen. Touristisch war die Eifel natürlich noch finsteres Entwicklungsland. Wo hätten die Menschen, die meist selbst gerade genug zum Leben hatten, auch das Geld hernehmen sollen, ihre Häuser zu Pensionen mit einem Minimum an Komfort auszustatten? Es gab einige Hotels in Adenau und Kelberg, die später berühmt wurden als Rennfahrerherbergen, doch es fehlte ein breites Angebot an guten Übernachtungsmöglichkeiten und Restaurants. Die positiven Erfahrungen bei der Eröffnung ließen dann aber den einen oder anderen wach werden und — eine bessere Zukunft durch den Nürburgring vor Augen — vorsichtig Investitionen tätigen.

Die Eintrittsgelder für die Eröffnungsveranstaltung waren im übrigen recht gesalzen. Hier zeigte sich, daß man einfach noch zu wenig Erfahrung hatte, um zu wissen, was dem Rennbesucher zuzumuten war. Vor allem bei den Tribünenplätzen langte man kräftig zu. Auf der Haupttribüne waren Plätze für 30 bis 60 Reichsmark zu haben, offene Logen zu Plätzen an der Brüstungsmauer des Promenadenplatzes kosteten gar 200 Mark, für einen Stehplatz auf der Promenade wurden zehn Mark verlangt. Preiswert war eigentlich nur der Streckenplatz, der für zwei Mark zu haben war. Auf der Ausgabenseite des Veranstalters standen 30 000 Mark an Preisgeld, für damalige Verhältnisse eine beachtliche Summe. Startgelder wurden nicht gezahlt, im Gegenteil, jeder Teilnehmer hatte ein Nenngeld zu entrichten.

Die feierliche Eröffnung mit vielen Gästen aus Politik, Wirtschaft und Verbänden fand am Samstag, dem 18. Juni 1927, statt. Die Eröffnungsrede hielt Landrat Dr. Otto Creutz. Über 1000 Turner traten in einem Schauturnen auf und zeigten damit, daß der Motorsport in die große Familie der anderen Sportarten aufgenommen war. Ewald Kroth, der legendäre Sportpräsident des ADAC, und Max Schleh, Sportleiter des Gaues Rheinland, hatten das Motorsportprogramm erarbeitet, das nach der Eröffnungsfeier ablief. Natürlich wurde der ganze Kurs gefahren, also die Kombination von Nord- und Südschleife. Schon bei den ersten Motorradrennen, die alle am Einweihungstag gefahren wurden, wurde deutlich, daß hier eine Rennstrecke geschaffen worden war, die höchste Anforderungen stellt. In einzelnen Klassen lag die Ausfallquote bei 50 Prozent. Am Tag darauf gingen die Sport-

Die Sieger des Großen Preises 1928, Rudolf Caracciola und Christian Werner, der den von einem Sonnenstich geschwächten Caracciola am Steuer abgelöst hatte. Werner selbst fuhr das Rennen trotz eines ausgekugelten Arms zu Ende.

Seitenwagen-Akrobatik Anno 1931.
Marcinkowsky aus Solingen beim Eifelrennen.

wagen und Rennwagen an den Start. Bei den Sportwagen siegte ein Mann, dessen Heimat gar nicht weit vom Nürburgring entfernt war und der in den kommenden Jahren zum Idol einer ganzen technikbegeisterten Generation werden sollte: Rudolf Caracciola aus dem Rheinstädtchen Remagen. Er brauchte mit seinem Mercedes für die 12 Runden (359,6 Kilometer) 3:33:21,0 Stunden und erreichte damit eine Durchschnittsgeschwindigkeit von 96,5 km/h. Ein geradezu unglaublicher Wert, wenn man die Schwierigkeiten der Strecke und die damaligen technischen Möglichkeiten der Wagen bedenkt. Das Rennen wurde zu einer Demonstration der Zuverlässigkeit und technischen Überlegenheit der Sportwagen aus Untertürkheim.

An beiden Tagen wurden beim Eifelrennen 1927 insgesamt 84 200 Zuschauer gezählt. Dies die offizielle Angabe, die sich auf die verkauften Eintrittskarten stützt. Es zeigte sich aber bereits damals ein Phänomen, das in Zukunft den Verantwortlichen des Nürburgrings und den Veranstaltern noch manchen Kummer bereiten sollte: Es war nur sehr schwer möglich, an der langen Strecke von allen Zuschauern das Eintrittsgeld zu kassieren. „Laumänner" hatten schnell die Stellen herausgefunden, an denen sie sich an den Kontrolleuren vorbeimogeln konnten.

Am 2./3. Juli 1927 wurde der Große Preis von Europa für Motorräder auf dem Nürburgring gefahren, und schon 14 Tage später fand auch der Große Preis von Europa für Sportwagen in der Eifel statt. Der Automobilclub von Deutschland (AvD) hatte schon mehrmals Anlauf genommen, einen „Großen Preis" durchzuführen, war dabei aber immer wieder durch von außen auftretende Widrigkeiten gebremst worden. Jetzt aber stand mit dem Nürburgring ein idealer Austragungsort zur Verfügung, was wohl auch ausschlaggebend dafür war, daß der Internationale Automobilsportverband das Prädikat „Internationaler Großer Preis von Deutschland für Sportwagen" an den AvD vergab. 72 000 Zuschauer sahen ein großes Rennen, bei dem ihr Liebling Caracciola zwar ausfiel, das aber dennoch sehr spannend war und von dem hünenhaften Otto Merz auf Mercedes S gewonnen wurde. Und wer geglaubt hatte, die beim Eifelrennen von Caracciola erreichte Durchschnittsgeschwindigkeit sei nicht mehr zu überbieten, wurden von Otto Merz gründlich eines Besseren belehrt. Der fuhr eine Rekordrunde mit einem Durchschnitt von 107,0 km/h und erreichte einen Gesamtdurchschnitt von 102,0 km/h.

Noch im Eröffnungsjahr zeigte sich auch, daß die Rennstrecke in der Eifel nicht nur für die Motorsportler beste Voraussetzungen bot, sondern durchaus auch von anderen Sportlern genutzt werden konnte. Die Radweltmeisterschaften für Straßenfahrer am 21. Juli waren ein erster

Rudi Runtsch aus Wien nach seinem Sieg in der Klasse der Solomaschinen bis 500 cm^3 beim Großen Preis von Deutschland für Motorräder am 5. Juli 1931.

Der Italiener Luigi Fagioli wurde auf Mercedes beim Großen Preis von Deutschland 1934 Zweiter.

Versuch. Sie zeigten aber, daß acht Runden auf der Nordschleife eine Aufgabe waren, der längst nicht alle Fahrer gewachsen waren. Viele gaben demoralisiert auf. Dennoch kamen später die Radrennfahrer immer wieder zum Nürburgring zurück, und es fanden auch wieder Radweltmeisterschaften auf der Nordschleife statt.

Als der Nürburgring konzipiert wurde, war klar, daß er nicht nur sportlichem Treiben offenstehen sollte, sondern jeder Kraftfahrer sollte auf dem Kurs mit seinem Alltagsfahrzeug fahren können, auf dem die besten Rennfahrer der Welt mit den schnellsten Fahrzeugen ihr Können maßen. Von Anfang an waren die Touristenfahrten als feste Einnahmequelle einkalkuliert, denn für das Befahren der Rennstrecke mußte natürlich ein Obolus entrichtet werden. Im Jahr eins des Nürburgrings befuhren vom 12. Juni bis Ende Oktober 4493 Autos und 741 Motorräder privat den Kurs. Natürlich erscheinen diese Zahlen klein gegen die Werte, die heute erreicht werden. Dabei sollte man aber nicht außer acht lassen, daß 1927 der Motorisierungsgrad noch sehr gering und daß die wirtschaftliche Lage nicht gerade rosig war. Auffallend war jedoch die hohe Zahl der Belgier und Holländer unter den Touristen. Der Besucherstrom wuchs in den beiden folgenden Jahren kräftig, ließ dann aber wieder nach und zog erst 1934 wieder an. Die höchste Zahl von Besucherfahrzeugen vor dem

Manfred von Brauchitsch, oft vom Pech verfolgt, wird als Sieger des Eifelrennens 1934 abgewinkt. Er gewann auf dem neuen Mercedes mit großem Vorsprung.

Zweiten Weltkrieg wurde 1937 mit 11 186 Autos und 2026 Motorrädern erreicht.

Auch die Industrie zeigte von Anfang an Interesse, die Gebirgs-, Renn- und Prüfungsstraße als Teststrecke zu benutzen. Reifenfirmen, Mineralölunternehmen und natürlich die Automobil- und Motorradhersteller wurden ständige Gäste auf dem Nürburgring. Sie mieteten den Kurs oft für Wochen und gaben dem Nürburgring so neben den Einnahmen aus den Rennsportveranstaltungen und dem Touristenverkehr ein drittes wirtschaftliches „Standbein". Dennoch war der Nürburgring im ersten Abschnitt seiner Geschichte nicht auf Rosen gebettet. Dem Kreis Adenau war die finanzielle Belastung über den Kopf gewachsen. Nicht zuletzt die mehrfachen Überschreitungen der Kostenanschläge beim Bau der Rennstrecke hatten bei den Aufsichtsbehörden von Reich und Land Ärger ausgelöst. Man sah dort aber auch ein, daß der Kreis Adenau der Sache wirtschaftlich einfach nicht gewachsen war und gründete daher eine neue Träger-Gesellschaft, die Nürburgring GmbH. Im Gesellschaftsvertrag vom 17. Juli 1928 wurde das Stammkapital auf 100 000 Reichsmark festgesetzt. Das Deutsche Reich brachte hiervon 50 000 Mark als Gesellschafter ein, das Land Preußen 49 000 Mark, und mit 1000 Mark wurde auch der Kreis Adenau als Partner akzeptiert. Der Aufsichtsrat war mit acht

20
6
15
2
5

Start zu einem der spannendsten Rennen in der Geschichte des Nürburgrings, dem Eifelrennen am 16. Juni 1935. Rudolf Caracciola (Nr. 7) siegte nach taktischer Meisterleistung knapp vor Bernd Rosemeyer (Nr. 2).

Manfred von Brauchitsch im Pech: Beim Großen Preis von Deutschland 1935 liegt er in Führung, als sich wenige Kilometer vor dem Ziel der rechte Hinterreifen seines Mercedes auflöst.

5
6

Bernd Rosemeyer, das große Idol der Jugend.
Der blonde Emsländer begeisterte mit Kampfgeist und unbekümmertem Draufgängertum.

1936 war das Jahr des jungen Bernd Rosemeyer.
Er gewann auf Auto-Union sowohl die Nebelschlacht beim Eifelrennen als auch den Großen Preis von Deutschland, bei dem er hier abgewinkt wird.

Personen besetzt, von denen je vier das Land Preußen und das Deutsche Reich stellten, wobei Landrat Dr. Creutz den Vertretern Preußens zugerechnet wurde. Geschäftsführer der Gesellschaft wurde der Kölner Alex Döhmer, ein früherer Offizier. Die Verwaltung, die bis dahin in Adenau untergebracht gewesen war, wurde in die beiden Verwaltungsgebäude am Haupteingang vor dem Start- und Zielplatz verlegt, wo sie sich heute noch befindet.

Verwaltung und Aufsichtsrat hatten sich nun vor allem mit der Ausarbeitung eines Kaufvertrages zu beschäftigen, durch den das Eigentum am Nürburgring vom Kreis Adenau auf die Nürburgring GmbH übertragen werden sollte. Dieser Vertrag wurde am 10. Juli 1929 geschlossen. Der Kaufpreis, der der Nürburgring GmbH für die Strecke und alle zu dieser gehörenden Nebenanlagen in Rechnung gestellt wurde, betrug 2 862 089,19 Mark. Inzwischen waren auch ADAC und AvD in die Gesellschaft eingetreten, und auch der Reichsverband der Automobilindustrie und die Rheinprovinz hatten Anteile übernommen.

Mit der Neuformierung der Gesellschaft waren aber längst nicht alle Schwierigkeiten behoben. Jetzt ging es nämlich darum, Vereinbarungen einzuhalten und Zusagen zu erfüllen. Beim Kreis Adenau war man mit dem geschlossenen Vertrag nicht einverstanden. Dieser Vertrag sei aufgezwungen worden, hieß es. In der Bauphase hatte nämlich die Kreisverwaltung den Gemeinden am Nürburgring Versprechungen gemacht, die nun die Gesellschaft nicht einhalten konnte. Sicher, diese Versprechungen waren in vielen Fällen gemacht worden, um eine schnellere Zustimmung der Gemeinden zu erhalten und schneller bauen zu können. Eine „Interessengemeinschaft ringanliegender Gemeinden" sollte nun die Nürburgring GmbH zur Erfüllung der einst vom Kreis gemachten Zusagen zwingen. Gefordert wurde ein Mitspracherecht bei der Einstellung und Entlassung von Arbeitern und Angestellten und bei der Vergabe der Marketendereien. Als Druckmittel hatten die Gemeinden Grundstücke in Händen, die von der Nürburgring GmbH unbedingt als Park- oder Zuschauerplätze benötigt wurden.

Man beließ es auch nicht bloß bei Worten und Imponiergehabe, sondern schritt zur Tat: Bei einem Rennen im Jahre 1931 sahen die Veranstalter und die Nürburgring GmbH sich plötzlich vor einer neuen Situation. Vor Beginn des Trainings hatten Bürger aus Nürburg den Terrassenplatz im Start- und Zielbereich, der im Grundbuch als Eigentum der Gemeinde Nürburg eingetragen war, mit Draht hermetisch abgeriegelt. Auf ihrem eigenen Grund und Boden wollten sie das Eintrittsgeld von den Rennbesuchern selbst kassieren. Es gab erheblichen Är-

Der Große Preis von Deutschland 1937 endete mit einem Mercedes-Doppelsieg. Hier geht die Spitzengruppe kurz nach dem Start in die Südkehre. Lang und Caracciola führen vor den Auto-Union-Fahrern Rosemeyer und Müller.

ger, und da richtige Eifeler außer dem lieben Gott nur noch Landräte und Regierungspräsidenten fürchten, der liebe Gott sich aber nicht einmischen wollte und Landrat Dr. Creutz die Protestaktion ausdrücklich gebilligt hatte, mußte der Koblenzer Regierungspräsident ein Machtwort sprechen. Die Zäune wurden wieder abgebaut, das Rennen ging störungsfrei über die Bühne.

1932 wurde der Kreis Adenau aufgelöst, und ein Großteil des Gebietes mit den Nürburgring-Gemeinden kam zum Kreis Ahrweiler, der damit nicht nur eine damals bereits weltbekannte Rennstrecke aufnahm, sondern auch die mit ihr verbundenen Aufgaben „erntete".

Nach der Zeit wirtschaftlicher Schwäche und großer Sorgen begann die eigentlich große Zeit des Nürburgrings innerhalb der Vorkriegsära mit dem Jahre 1934. Eine neue Rennformel und die Tatsache, daß sich mit Mercedes und Auto Union zwei deutsche Werke an den großen Rennen beteiligten, machten die Wagenveranstaltungen auf dem Nürburgring zu Volksfesten mit Massenbesuch. Die Zuschauer freuten sich über die Erfolge deutscher Wagen und jubelten ihren Idolen zu. Die Namen Caracciola, Stuck, von Brauchitsch und Nuvolari waren schon längst bekannt, doch immer wieder gingen auch neue Sterne am Rennfahrerhimmel auf. Der hellste von ihnen war Bernd Rosemeyer, ein strahlender, unbekümmerter junger Mann aus Lingen im Emsland. Schon 1935 sorgte er mit seinem Auto Union für eine Sensation, als es ihm gelang, den „Nürburgring-Meister" Rudolf Caracciola bis kurz vor dem Ziel auf Distanz zu halten. „Carratsch", der nervenstarke Routinier, konnte den Newcomer dann aber auf den letzten Metern noch austricksen und das Eifelrennen gewinnen.

Ein Jahr später war der blonde Bernd dann nicht zu bremsen. Beim Eifelrennen 1936 jagte er seinen Wagen mit traumwandlerischer Sicherheit durch den Nebel, der teilweise keine 20 Meter Sicht zuließ. Und Bernd Rosemeyer war im selben Jahr auch beim Großen Preis von Deutschland nicht zu schlagen. 145 000 Zuschauer erlebten diesen Grand Prix, viele von ihnen waren mit den 23 Sonderzügen der Reichsbahn nach Adenau gekommen.

Rekordbesuch gab es beim Großen Preis von Deutschland 1938. Über 170 000 Zuschauer zahlten Eintritt und sahen einen Sieg des Engländers Richard Seaman auf Mercedes.

Ein Jahr später fuhr Hermann Lang, ein Schwabe, der den Aufstieg vom Rennmechaniker zum Weltklasserennfahrer geschafft hatte, mit seinem Mercedes einen Rundenrekord, der lange Bestand haben sollte. Seine 9:52,2 Minuten für die Nordschleife wurden erst 1956 unterboten. Vor Ausbruch des Zweiten Weltkriegs

Die Leidenschaft seiner Frau, der Fliegerin Elly Beinhorn, hatte Bernd Rosemeyer angesteckt. Mit seinem Doppeldecker kam er im Juni 1937 in die Eifel. Er landete und startete auf der Zielgeraden.

Der Italiener Tazio Nuvolari genoß beim Nürburgring-Publikum höchstes Ansehen. Beim Großen Preis 1938 wurde er auf dem 12-Zylinder-Auto-Union Vierter.

Den Großen Preis von Deutschland 1938 gewann der Engländer Richard „Dick“ Seaman auf Mercedes.

Fünfter des Grand Prix’ 1938 wurde der Franzose René Dreyfus auf einem Delahaye. Der Motor hatte zwölf Zylinder, 4,5 Liter Hubraum und war kompressorlos.

1
8
18
19
10
11

Schrecksekunden an den Boxen: Beim Großen Preis 1938 fängt von Brauchitschs Mercedes Feuer. Rennleiter Neubauer rettet den Fahrer aus den Flammen. Der Brand wird gelöscht, und von Brauchitsch geht wieder in das Rennen, scheidet aber nach einigen Kilometern endgültig aus, da sich das Lenkrad gelöst hat.

◀ Die Sportwagenklasse wurde 1938 von den BMW 328 Sport beherrscht. Paul Greifzu (Nr. 10) gewann den Großen Preis für Sportwagen.

Wilhelm Herz auf DKW,
Sieger 1938 in der Motorradklasse bis 500 cm³.

präsentierte sich die Nürburgring GmbH in einem Zustand, der zu Optimismus Anlaß gab. Das Stammkapital war bereits 1933 auf eine Million RM erhöht und wie folgt aufgeteilt worden: 510 000 Mark Deutsches Reich, 480 000 Mark Land Preußen, 9000 Mark Rheinprovinz, 1000 Mark Kreis Ahrweiler. Die motorsporttreibenden Verbände waren also in der Gesellschaft nicht mehr vertreten.

Hatte auch der Nürburgring wirtschaftlich bis 1939 schwere Jahre durchmachen müssen, so hatte er doch die Funktion erfüllt, die ihm seine Initiatoren zugedacht hatten. Er stellte ein einmaliges Motorsportzentrum dar und belebte entscheidend die Wirtschaft der Region. Der Fremdenverkehr hatte einen großen Aufschwung genommen, die vielen Rennbesucher ließen Geld in der Eifel, und mancher Eifelaner verdiente sein Geld als festangestellter Mitarbeiter der Nürburgring GmbH oder ein Zubrot bei den Rennen als Parkplatzwächter, Kartenverkäufer oder Kontrolleur. Auch im Sporthotel Tribüne, das bei Rennen oft über 70 Personen beschäftigte, fanden viele Arbeit.

Mercedes-Rennleiter Alfred Neubauer (2. von links) und „seine“ Fahrer für den Großen Preis 1938 (von links): Manfred von Brauchitsch, Richard Seaman, Hermann Lang und Rudolf Caracciola.

Überleben und Neuanfang (1940–1949)

Der Ausbruch des Zweiten Weltkrieges machte natürlich auch dem Motorsport in Deutschland ein Ende. Für den Nürburgring begann die Zeit des Vor-sich-hin-Dämmerns. Eine Rennbahn ohne Rennen ist wie ein Fußballstadion ohne Fußballspiele.

Nun verlangt aber eine gigantische Motorsportanlage wie der Nürburgring auch dann unterhaltende Pflege, wenn nicht auf ihr „gerannt" wird. Pflege brauchen die Gebäude der Rennleitung und der Verwaltung, Pflege braucht ein gastronomischer Betrieb wie das Sporthotel Tribüne und Pflege braucht vor allem die Strecke selbst. Und an dieser Pflege mußte es in den Kriegsjahren zwangsläufig mangeln. Weder finanziell noch personell war genügend Substanz vorhanden, den Kurs für den „Tag X" in Bestform zu halten. Durch den totalen Ausfall aller Rennen fehlten die Haupteinnahmen, und natürlich war auch aus dem Touristengeschäft nichts zu holen, denn Fahrzeuge und Treibstoff wurden dringend an anderen Stellen benötigt. Lediglich die Industrie, die treu zum Nürburgring stand, brachte noch Geld für die Rennstrecke auf.

Die Firmen zahlten weiter für die Werbung, die ihnen allerdings kaum Umsatzsteigerungen eingebracht haben dürfte. Es war wohl mehr die Idee, einen fairen Partner nicht im Stich zu lassen, auch wenn es ihm dreckig ging. Viele der am Nürburgring beschäftigten Männer wurden

Bereits Ende 1946 wurde damit begonnen, die während des Krieges entstandenen Schäden an der Rennstrecke zu beseitigen.

eingezogen, was sich vor allem auf die zum Unterhalt der Strecke dringend notwendigen Arbeiten negativ auswirkte. Bald wucherten an vielen Stellen die Begrenzungshecken bis weit in das Asphaltband hinein, aus Betonritzen sproß Gras, in der Oberfläche taten sich kleine Risse auf, die sich, da nicht ausgebessert, von Winter zu Winter drastisch vergrößerten.

Einzig das Hotel, dessen Betrieb die Gesellschaft Ende 1939 selbst übernommen hatte – bis dahin war es verpachtet gewesen –, konnte sich über Wasser halten. Es war zeitweilig an die Wehrmacht vermietet, wurde für Menschen aus den benachbarten Großstädten zum Erholungsort und zur Zufluchtstätte vor den Bomben der Alliierten. Am Hotel lag es wohl auch, daß diese Nürburgring GmbH für einige Zeit sogar über einen landwirtschaftlichen Betrieb verfügte. Das Hotel brauchte Gemüse, Eier und Butter, um seine Bewohner versorgen zu können. Der Nürburgring GmbH gehörten Parkplätze, auf denen kein Auto und kein Motorrad mehr parkten. Da lag es nahe, einige Plätze in Acker- und Weideland umzuwandeln. Getreide und Kartoffeln wurden angebaut. Im Mercedes-Turm, einem Gebäude an der Nordkehre eingangs der Hatzenbach, wurde in den unteren Räumen Vieh gehalten. Schweine, Hühner und Kühe sorgten hier dafür, daß die Versorgungslage des Hotels nie katastrophal wurde. Ob allerdings der Begriff „Rennsau", heute gebraucht für einen rüden Motorsportler, seinen Ursprung in dieser Zeit hat, muß bezweifelt werden.

Knüppeldick kam es für den Nürburgring, als die alliierten Truppen durch die Eifel zum Rhein vorstießen: Amerikanische Panzer benutzten die Strecke von Müllenbach aus in Gegenrichtung bis zum Pflanzgarten als Aufmarschstraße. Die Ketten der Kriegsmaschinen hinterließen tiefe Narben. Bei der folgenden Besetzung durch die alliierten Soldaten und ehemalige Kriegsgefangene wurde im Tribünenhotel und in den Verwaltungsgebäuden „Kleinholz" gemacht. Das Haus A, in dem bei den Rennen die Rennleitung und die Pressestelle untergebracht waren, ging in Flammen auf. Wertvolle Unterlagen verbrannten oder wurden als „Souvenirs" mitgenommen.

Der Aufsichtsrat war im Mai 1945 aufgelöst worden. Im März 1946 wurde die Gesellschaft dem Amt für kontrolliertes Vermögen in Ahrweiler unterstellt, Treuhänder, auch Sequesterverwalter genannt, wurde Toni Koll.

Der Nürburgring, so schien es, war tot. Doch er wurde schneller wieder lebendig, als das selbst unverbesserliche Optimisten erwartet hatten, und es war ausgerechnet die französische Besatzungsmacht, die ihm wieder auf die Beine half. Einige wohlgesonnene Offiziere wollten nicht mehr zusehen, wie dieser Kurs, auf dem vor dem Krieg vor allem ihr Landsmann

Massenbesuch beim Eifel-Pokal-Rennen am 22. Mai 1949. Der Nürburgring hatte nichts von seiner Anziehungskraft verloren.

Louis Chiron als Rennfahrer geglänzt hatte und von dessen Großartigkeit sie schon als Jungen gehört hatten, verrottete. Ein großes internationales Rennen wurde geplant. Es sollte im Mai 1947 stattfinden. Dazu mußte natürlich die Strekke hergerichtet werden, die im Sommer 1946 noch in erbärmlichem Zustand war. Was dann geschah, berichtet Regierungs- und Baurat Grommes, damals für die Straßen im Nürburgring-Umland und später auch für die Strecke zuständig:

„Da lief unerwartet Ende September 1946 in der Straßen- und Brückenbauabteilung des Oberpräsidenten von Rheinland-Hessen und -Nassau ein Befehl der französischen Militärregierung ein, den Nürburgring für ein im Mai 1947 stattfindendes Rennen instand zu setzen. Wenn auch die deutschen Finanzbehörden im Hinblick auf die völlig daniederliegende deutsche Automobilindustrie Bedenken äußerten, zum damaligen Zeitpunkt Geld und Material für diesen Zweck bereitzustellen, so setzte sich doch der praktische Gesichtspunkt der Straßen- und Brückenbauabteilung durch: Wenn ein Rennen stattfinden soll, müssen sämtliche Straßen zum Ring von den Grenzen an in gutem Zustand sein. Damit bot sich eine nicht erwartete Gelegenheit, mit Unterstützung der damals noch allmächtigen Militärregierung die Hauptwege des Straßennetzes des Landes wieder befahrbar zu machen. Und so kam es auch. Unter der Leitung von Regierungsbaudirektor Dr. Wahl wurden die Landesämter mobilisiert. Tausende Arbeitskräfte und die notwendigen Lebensmittel, Zehntausende Tonnen Gesteinsmaterial, Lastwagen, Zement, Betriebsstoff, Kohle, Holz, Öl, Teer, Bitumen usw. mußten, wenn auch manchmal unter kaum zu bewältigenden Schwierigkeiten, aufgebracht werden, um ein Rennen zu gestalten. Auf dem Nürburgring selbst wurde zunächst der Ausbau der Südschleife und des Start- und Zielplatzes in Angriff genommen. 282 000 Reichsmark wurden vom Land Rheinland-Pfalz bereitgestellt. Über 300 Arbeiter waren auf der Rennstrecke im Einsatz. Gleichzeitig lief der notwendige Aufbau des Hotels, der Wirtschaftsräume und des Rennfahrerlagers an."

So verhalf hier die Einsicht in die Notwendigkeit eines als Rennstrecke funktionierenden Nürburgrings auch dem Umland zur Verbesserung der Infrastruktur, ganz speziell auf den Ausbau der Straßen bezogen. Noch etwas anderes wird aber ebenfalls deutlich: Das Land Rheinland-Pfalz war von Anfang an bereit, „seinem Nürburgring" und damit der von ihm wirtschaftlich abhängigen Bevölkerung zu helfen. Diese Bereitschaft wurde dann in der Zukunft immer wieder bewiesen, und ohne sie wäre auch die neue Grand-Prix-Rennstrecke des Jahres 1984 nicht möglich geworden. Das für Mai vorgese-

Start der Formel 2-Rennwagen beim „Großen Preis vom Nürburgring“
am 7. August 1949.

hene Rennen fand nicht statt. Es wurde vielmehr auf den 17. August 1947 verlegt, trug den Titel „Eifel-Pokal-Rennen", wurde vom in Neuwied ansässigen Motorsport-Verband Rheinland-Pfalz ausgerichtet und war für Motorräder ausgeschrieben. Die Besatzungsbehörden hatten sogar zugesagt, die damals bestehenden Zonengrenzen, betroffen waren die französische, britische und amerikanische Zone, für den Tag des Rennens zu öffnen, dann aber am Vorabend der Veranstaltung ihren Beschluß widerrufen. Wie dennoch rund 80 000 Zuschauer trotz Zonengrenzen, kaum vorhandener Fahrzeuge und Benzinrationierung an die Südschleife kamen, ist wohl eines der Nürburgring-Geheimnisse. Der Veranstalter ließ sich aber auch nicht lumpen: Für ganze fünf Mark gab es nicht nur die Eintrittskarte, sondern auch einen „Ernährungsbon" für eine Portion Kartoffelsalat, eine heiße Wurst und ein Glas Wein. Noch immer ist ungeklärt, ob damals mehr Besucher des Rennens oder der Extraration wegen kamen.

Zum Rennen waren alle bekannten Motorradrennfahrer Deutschlands erschienen, soweit sie den Krieg überlebt hatten. Sie verband der eiserne Wille, mit ihrem Sport und mit „der Welt schönster Rennstrecke" weiterzumachen.

Die Klasse bis 250 ccm Hubraum gewann kein Geringerer als H. P. Müller, der nicht nur vor dem Krieg als Motorradrennfahrer bekannt geworden war, sondern auch als Fahrer im Auto-Werksrennstall der Auto Union beachtliche Erfolge erzielt hatte. In der Klasse bis 350 ccm machte Heiner Fleischmann, ein Gastwirt aus Amberg, auf einer NSU das Rennen, in der Halbliterklasse siegte der „gußeiserne" Schorsch Meier auf einer BMW. Fleischmann und Meier wurden in den folgenden Jahren auf dem Nürburgring aufgrund der zahlreichen packenden Rennen, die sie sich lieferten, zu den Lieblingen der vielen Motorrad-Fans.

Nachdem die Südschleife also wieder befahren werden konnte, konzentrierte sich 1948 die gesamte Instandsetzungsarbeit auf die Nordschleife. Mit einem Darlehen vom Land Rheinland-Pfalz, es handelte sich um 270 000 DM, und unter Leitung der Landesstraßenverwaltung wurde auch der 22,8 Kilometer lange Hauptkurs wieder betriebsfähig gemacht. Ein vom Land eingesetzter Verwaltungsbeirat überwachte die Arbeiten. Dieser Beirat hatte sechs Mitglieder und wurde 1949 in „Verwaltungsrat" umbenannt. Rheinland-Pfalz stand auch weiter zum Nürburgring, denn es stellte 150 000 Mark als Darlehen für den Ausbau der Nebenanlagen bereit. Es wurde sogar eine Loslotterie zugunsten des Rings genehmigt. 600 000 Lose, Einzelpreis 50 Pfennige, wurden in drei Jahren verkauft. Die Nürburgring GmbH erhielt vom Erlös 14 Prozent. Als nicht erfolgreich erwies sich ein

Schorsch Meier war beim Eifel-Pokal-Rennen 1949 ▶
auf seiner Kompressor-BMW schnellster Mann des Tages.

Karl Kling, der hier von seiner Frau beglückwünscht wird, gewann 1949 auf dem Nürburgring zwei Sportwagenrennen.

Motorsport-Toto. Da den Einnahmen höhere Ausgaben gegenüberstanden, wurde die Sache aufgegeben.

Der Motorsport-Verband Rheinland-Pfalz hatte für den 22. Mai 1949 sein Eifel-Pokal-Rennen für Motorräder und Wagen ausgeschrieben. Schon Wochen vorher wurden die Nürburgring- und Motorsport-Freunde in ganz Deutschland leicht nervös. Sie fieberten dem Ereignis entgegen, denn schließlich sollte ja die Nordschleife wieder befahren werden. Trotz auch damals noch bestehender Verkehrsbeschränkungen, die allerdings für die französische Zone an diesem Wochenende aufgehoben wurden, kamen 100 000 Besucher. Sie kamen mit allem, was fahren konnte. Viele machten es sich auf den Ladeflächen mit Holzvergaser angetriebener Lastwagen mehr oder weniger bequem, viele kamen mit Fahrrädern, Motorrädern, altersschwachen Autos und einige wenige schon mit neuen Zwei- oder Vierrädern.

Dr. h. c. Peter Altmeier, der Ministerpräsident von Rheinland-Pfalz, eröffnete diese wiedererstandene Nordschleife und übergab sie symbolisch dem Veranstalter. Schnellster Mann des Tages war Schorsch Meier auf seiner Kompressor-BMW. Sein Gesamtdurchschnitt von 124,4 km/h konnte auch von Karl Kling, der auf Veritas die Sportwagenklasse bis zwei Liter Hubraum gewann, nicht erreicht werden. Um den „Großen

Preis vom Nürburgring" ging es am 7. August. Auch dieses Rennen war für Motorräder und Wagen ausgeschrieben. Zaghaft kamen auch vereinzelt wieder Fahrer aus dem benachbarten Ausland zum Nürburgring. Schnellster Mann des Tages war Karl Kling auf einem Zweiliter-Veritas-Sportwagen. Die Durchschnittsgeschwindigkeit von 115,4 km/h konnte auch der Düsseldorfer Toni Ulmen, auf Veritas Sieger bei den Formel-2-Rennwagen, nicht erreichen.

Der Programmheftverkäufer und der Rennfahrer: Ein Autogramm von Altmeister Hans Stuck war auch 1949 noch gefragt.

Große Freiheit 1950:
Im Brünnchen lagern Zuschauer
im Außen- und Innenbereich.

Zurück zum Glanz (1950 – 1970)

Die Rückkehr zum großen internationalen Sport schaffte der Nürburgring 1950. Kurz zuvor waren auch die Automobil- und Motorradclubs wieder zugelassen worden. Die übergeordneten Instanzen, ONS für den Automobilsport und OMK für den Motorradsport, übten wieder ihre Tätigkeit aus, und die Bundesrepublik wurde in die Fédération Internationale de l'Automobile (FIA) aufgenommen. Was das bedeutete, merkten die Organisatoren und die Zuschauer an der Besetzung der Rennen. Das Eifelrennen am 11. Juni, organisiert vom ADAC und DMV, wurde zwar sowohl in den Motorradklassen als auch bei den Renn- und Sportwagen noch klar von deutschen Fahrern bestimmt, doch beim XIII. Großen Preis von Deutschland am 20. August sah es schon ganz anders aus. Da war fast wieder alles wie zu den ganz großen Zeiten vor dem Krieg. Die Bundesbahn setzte sieben Sonderzüge ein, der Rundfunk postierte für eine Direktübertragung an mehreren Stellen der Strecke Reporter, und neben Altmeister Rudolf Caracciola, der frenetisch gefeiert wurde, und dem französischen Hohen Kommissar Françcois Poncet kam sogar das Staatsoberhaupt der noch jungen Republik, Professor Theodor Heuss, um die Wiederaufnahme Deutschlands in die internationale Motorsportfamilie zu erleben. Über 200 000 Zuschauer (nicht alle zahlten Eintritt) bildeten den großen Rahmen. Das

Die Formel 3
im Rahmenrennen zum
Großen Preis von
Deutschland 1950.

Hauptrennen des Tages, der für Formel-2-Rennwagen ausgeschriebene Große Preis von Deutschland, wurde von dem Italiener Alberto Ascari auf einem Zwölfzylinder-Ferrari sicher gewonnen. Ascari legte mit diesem Sieg den Grundstein für seine große Popularität, die er in Deutschland und besonders beim Nürburgring-Publikum in den dann folgenden Jahren erreichte.

Auch in der Nürburgringverwaltung war diese Zeit des Übergangs vorbei. Toni Koll, bis dahin Sequesterverwalter, wurde Geschäftsführer. Gesellschafter waren die Bundesrepublik Deutschland, das Land Rheinland-Pfalz und — mit einem Kleinstanteil — der Landkreis Ahrweiler.

Die Entwicklung ging nun auf allen Gebieten steil aufwärts. Auch das Aufkommen der Touristenfahrten auf der Nordschleife nahm rasch zu, aber vor allem volle Häuser bei den Rennen ließen Veranstalter und Nürburgring GmbH optimistisch in die Zukunft sehen. Es war, als wollten die Leute die lange Zeit der kriegsbedingten Motorsportabstinenz kompensieren. Auch das ADAC-Eifelrennen 1951 hatte wieder weit über 100 000 Zuschauer.

Zum eindeutigen Saisonhöhepunkt aber wurde der Große Preis von Deutschland. Dem AvD war für sein Rennen ein Wertungslauf zur Formel-1-Weltmeisterschaft, der höchsten Klasse des Motorsports, zugesprochen worden. Insgesamt gab es damals in einer Saison im Gegensatz zu heute nur acht WM-Rennen. Mit diesem Weltmeisterschaftsprädikat war aber nicht nur der Organisator AvD als gleichberechtigtes Mitglied in der Reihe der internationalen Veranstalter, sondern auch der Nürburgring als Rennstrecke für höchste Aufgaben wieder voll anerkannt. Deutsche Wagen und Fahrer spielten keine Rolle. Alfred Neubauer, der Mercedes-Rennleiter, um den sich damals schon Historie und Historchen rankten und der eigentlich schon eine lebende Legende war, stand mit Rudolf Caracciola, Hermann Lang und Karl Kling unter den Zuschauern. Einziger deutscher Fahrer war Paul Pietsch, dem Alfa Romeo eine seiner Werks-Alfettas anvertraut hatte. Die Werksrennställe gingen damals häufig mit bis zu vier Wagen bei einem Grand Prix an den Start. Mercedes hatte einst den zahlenmäßigen Großeinsatz vorexerziert und damit oft taktisch geschickt gearbeitet.

Zum Großen Preis von 1951 hatte Ferrari vier Wagen gemeldet. Spitzenfahrer war Alberto Ascari. Die roten Renner aus Maranello hatten 4,5-Liter-Motoren ohne Kompressor. Mit Kompressor ausgerüstet war dagegen das Triebwerk, das Alfa Romeo verwendete. Dem Reglement entsprechend hatte der Motor jedoch nur 1,5 Liter Hubraum. Der Argentinier Juan Manuel Fangio war die Nummer eins des Mailänder

Alberto Ascari, dreimaliger
Grand-Prix-Sieger
auf dem Nürburgring.

Alberto Ascari führt beim Großen
Preis von Deutschland 1952 mit 55
Sekunden vor Dr. Giuseppe Farina.

Werks. Er war immerhin schon 40 Jahre alt und sollte seine größten Siege, die ihn zum erfolgreichsten Rennfahrer aller Zeiten machten, noch vor sich haben. Mit 1,5-Liter-Kompressormotoren waren auch die drei Gordinis bestückt, während die Talbots 4,5-Liter-Saugmotoren hatten. Talbot-Spitzenfahrer waren Louis Chiron, der überall, wo er auftauchte, mit viel Beifall bedacht wurde, hatte man doch nicht vergessen, wie sehr er sich nach dem Krieg sofort für die Wiederherstellung des Nürburgrings eingesetzt hatte.

Es kam zu einem jener denkwürdigen Rennen, die kein Veranstalter vorausplanen, kein Regisseur bestimmen kann. 20 Runden auf der Nordschleife, 456,2 Kilometer, das war die Distanz. Zunächst führte Fangio vor Dr. Guiseppe „Nino“ Farina, der wie Fangio eine Alfetta von Alfa Romeo fuhr, aber schnell von den Ferrari-Stars Ascari und Froilan Gonzales, wie Fangio Argentinier, auf den vierten Platz verdrängt wurde. In der vierten Runde ging Ascari an die Spitze, und als Fangio nach der sechsten Runde an die Box fuhr, um auftanken und neue Reifen montieren zu lassen, wurde er natürlich auch von seinem Landsmann Gonzales überholt.

Als zwei Runden später auch Ascari zum Routinestopp an die Box ging, lag Gonzales, den sie „Pampasstier“ oder „Puma“ nannten, kurzfristig an der Spitze, die er allerdings bald wieder an Ascari abgab. Nun blies Fangio zum Angriff. Er überholte Gonzales und verringerte den Abstand auf Ascari von Runde zu Runde, mußte aber in der 14. Runde wieder an die Box und hatte, als er wieder ins Rennen ging, das gesamte Ferrari-Quartett mit Ascari, Gonzales, Luigi „Gigi“ Villoresi und Piero Taruffi vor sich. Aber nur zwei Runden brauchte Fangio, um Platz zwei zurückzuerobern. Einen Generalangriff auf Ascaris Ferrari unterließ Fangio, da ihm die sechs Punkte für den zweiten Platz weiterhin die Führung in der Weltmeisterschaftswertung sicherten. Ascari siegte mit 30 Sekunden Vorsprung und Fangio sagte nach dem Rennen: „Wer hier eine gute Zeit herausfahren will, darf selbst den Teufel nicht fürchten. Ob es möglich ist, Hermann Langs Rundenrekord von 1939 zu verbessern, halte ich für fraglich. Diese Durchschnittsgeschwindigkeit von 138,5 km/h ist eine nahezu unübertreffliche Leistung. Nur einem ganz Großen wird es gelingen, sie zu überbieten.“ Dieser „Große“ sollte Fangio selber sein, aber der Rundenrekord Langs sollte noch einige Jahre Bestand haben.

Starke Steigerungen im Besucherverkehr außerhalb der Rennen, 16 509 Pkw, 5939 Motorräder und 621 Omnibusse, und viele Mietstunden und -tage für Testzwecke der Industrie bescherten dem Nürburgring 1951 ein wirklich gutes Jahr, so daß man optimistisch in das neue

Jahr ging, in dem es ein Jubiläum zu feiern galt. Ja, der Nürburgring war tatsächlich schon 25 Jahre alt. Ein Vierteljahrhundert lang stand er als internationale Rennstrecke in den Schlagzeilen, ein Vierteljahrhundert lang erfüllte er seine Aufgabe als wichtiger wirtschaftlicher Faktor in einer wirtschaftlich schwachen Region.

Das Jubiläumsjahr ließ sich auch für die Gesellschaft gut an: Das Landesamt für Wiedergutmachung und kontrolliertes Vermögen hob Sperren und Beschränkungen auf und machte damit die Nürburgring GmbH wieder voll funktionsfähig. Am 8. April stellte der Verwaltungsrat seine Tätigkeit ein. Er wurde durch einen Aufsichtsrat ersetzt, an dessen Spitze Ministerpräsident Altmeier stand.

Das zeigt, welche Bedeutung der höchste Mann des Landes dem Nürburgring beimaß. Dem Koblenzer Peter Altmeier, der die Geschichte des Nürburgrings bis dahin hautnah erlebt hatte und der die Bedürfnisse der Eifel und ihrer Bewohner bestens kannte, war klar, daß der Nürburgring alsTeststrecke und Touristenmagnet unbedingt am Leben erhalten werden mußte.

Am 18. Juni wurde gefeiert. Im Sporthotel Tribüne hatten sich viele Männer versammelt, die 25 Jahre vorher die Eröffnung miterlebt hatten. Ministerpräsident Altmeier erklärte, das Ziel, mit dem Nürburgring die wirtschaftliche Situation der Eifel zu verbessern, sei „hundertprozentig" erreicht worden. Das Gebiet um den Nürburgring habe einen ungeahnten Aufschwung genommen. Der Landeschef vergaß auch nicht, das Engagement des früheren Landrates des Kreises Adenau, Dr. Otto Creutz, zu erwähnen, der ein Jahr zuvor verstorben war. Creutz wurde damit rehabilitiert, hatte man ihm doch einst nachgesagt, mit dem Nürburgring den Kreis Adenau ruiniert zu haben.

Der 1952 amtierende Bundesverkehrsminister Dr. Hans-Christoph Seebohm, der übrigens bei kaum einem Rennen fehlte, beschäftigte sich in seiner Festansprache mit der Geschichte des Motorsports und hob die Bedeutung der Rennstrecke als Testgelände für die Industrie hervor. „Der Nürburgring hat dazu beigetragen, deutschen Fahrzeugen Weltgeltung zu verschaffen", sagte er. Dem früheren Oberpräsidenten der Rheinprovinz, Dr. Fuchs, der sich auch in den schwierigsten Phasen des Rennstreckenbaus rückhaltlos für den Nürburgring eingesetzt hatte, verlieh Ministerpräsident Altmeier im Auftrag des Bundespräsidenten das Großkreuz des Verdienstordens der Bundesrepublik Deutschland.

Das Jubiläum wurde auch in sportlicher Hinsicht gebührend gefeiert. Im Gedenken der Premiere 25 Jahre zuvor wurde das Eifelrennen 1952 besonders herausgestellt. Traditionell für

Beim Eifelrennen 1951 führt Walter Zeller vor Schorsch Meier
die Halbliter-Motorradklasse an.

Haarscharf an der Grasnarbe entlang:
Ascari mit seinem Ferrari in der Nordkehre.

Motorräder, Renn- und Sportwagen ausgeschrieben, hatte es ein hervorragendes Nennungsergebnis, das nur einen Schönheitsfehler aufwies: Die in der Sportwagenklasse erwarteten Mercedes 300 SL, die bereits mehrere Rennen gewonnen hatten, waren an diesem 25. Mai nicht am Start. Zu dicht lag der Termin am 24-Stunden-Rennen von Le Mans, als daß Mercedes-Rennleiter Alfred Neubauer einen Einsatz auf dem materialfordernden Nürburgring hätte riskieren können.

Dennoch wurde es ein großartiger Renntag, den auch viele der Sportler – sei es als Aktive oder als Zuschauer – miterlebten, die am 18. Juni 1927 am Eröffnungsrennen teilgenommen hatten. Nur einen konnte ADAC-Sportpräsident Jules Köther nicht begrüßen: den Sieger des Sportwagenrennens von 1927, Rudolf Caracciola. Er war kurz vorher beim Großen Preis von Bern schwer verunglückt. Dabei war sein gesundes linkes Bein – das rechte war seit einem

Beim Großen Preis von Deutschland 1952 waren die Mercedes 300 SL Roadster die überlegenen Sportwagen.

Unfall mit einem Alfa Romeo in Monte Carlo viele Jahre zuvor bereits schwer geschädigt – mehrmals gebrochen worden. Caracciola, der eigentlich vorgehabt hatte, das Nürburgring-Jubiläum und die Feier seiner Silbernen Hochzeit mit Frau Alice zu verbinden, schickte ein Telegramm, das auch den Lebensmut und den ungebrochenen Humor des gebürtigen Remageners widerspiegelt: „Bedaure sehr, nicht am Jubiläumsrennen des Nürburgrings dabeisein zu können – stopp – bin tatsächlich verhindert, da zwölf Kilo am linken Bein hängen – stopp – trotz unbequemer Lage will ich Ihrer gedenken und sende Ihnen, allen Freunden und Sportkameraden, herzliche Grüße, stets Ihr Rudolf Caracciola.“

Hermann Lang nach seinem Sieg in der Sportwagenklasse bis 3000 cm^3 beim GP 1952.

Der AvD hatte für den Großen Preis von Deutschland, der am 3. August ausgetragen wurde, ebenfalls alles getan, das Jubiläum der Rennstrecke besonders zu würdigen. Wenn auch der Grand Prix als sechster WM-Lauf für Formel-2-Rennwagen ausgeschrieben war, so kamen die meisten der fast 100 000 Zuschauer doch aus einem anderen Grund. Die Mercedes 300 SL, die dem Eifelrennen noch hatten fernbleiben müssen, waren nun in der Klasse bis drei Liter Hubraum des Sportwagenrennens gleich viermal vertreten. Und wenn auch bis auf den Gordini des Franzosen Manzon starke ausländische Konkurrenz fehlte, war das Publikum doch selig: Es hatte seine technischen Idole, die Rennwagen mit dem dreizackigen Stern und der silbernen Lackierung, wieder.

Das Mercedes-Quartett Karl Kling, Hermann Lang, Fritz Riess und Theo Helfrich sorgte dann auch dafür, daß sich das Publikum auch nach dem Ausfall des einsamen Manzon-Gordini nicht langweilen mußte. Alfred Neubauer, der an der Box wieder gestenreich und lautstark schaltete und waltete wie eh und je, gab seinen Fahrern keine Stallregie, und es gab einen großartigen Zweikampf zwischen Karl Kling und Hermann Lang, den Lang in der letzten Runde, neuen Rekord für Sportwagen fahrend, für sich entschied. Lang stellte den Durchschnitt für die schnellste Sportwagen-Runde auf 131,5 km/h.

Den Weltmeisterschaftslauf der Formel 2 gewann trotz eines außerplanmäßigen Boxenstopps in der vorletzten Runde erneut Alberto Ascari vor seinem Landsmann und Ferrari-Teamkollegen Dr. Nino Farina. Bundespräsident Professor Heuss verlieh dem Italiener an Ort und Stelle das „Silberne Lorbeerblatt", die höchste deutsche Auszeichnung für Sportler, und Ascari durfte sich fortan „Meister des Nürburgrings" nennen. Diesen Titel dürfen Fahrer tragen, die den Großen Preis von Deutschland auf dem Nürburgring dreimal, davon zweimal in Folge, gewonnen haben. Außer Ascari war 1952 Caracciola einziger „Meister des Nürburgrings".

Nach der Saison 1952 gab es am Nürburgring und in seiner Umgebung keine Gründe dafür, daß man den nächsten 25 Jahren hätte pessimistisch entgegensehen müssen. Die beiden großen Veranstaltungen, ADAC-Eifelrennen und AvD-Grand Prix, hatten sich wieder als Publikumsmagneten erwiesen, kleinere Veranstaltungen begannen sich zu etablieren, die Industrie machte reichlich vom Angebot Gebrauch, den „Ring" als Teststrecke zu benutzen, und die Besuchsfahrten erreichten mit 22 643 Wagen, 8374 Motorrädern und 850 Bussen einen neuen Rekord. Dennoch waren die Einnahmen der Gesellschaft nicht hoch genug, den Betrieb aufrechtzuerhalten und gleichzeitig dringend notwendige Arbeiten ausführen zu lassen. Bund und Land, die Hauptgesellschafter, gaben daher 100 000 Mark als Zuschuß. 20 000 Mark wurden bar ausgezahlt, 80 000 Mark wurden von einem Darlehen gestrichen, welches das Land Rheinland-Pfalz bereits früher gewährt hatte.

Dann kam plötzlich ein gewaltiger Einbruch bei den Rennzuschauern. Noch 1952 hatten beim Eifelrennen 110 961 Besucher Eintrittsgeld bezahlt, und beim Großen Preis von Deutschland waren es 95 506 gewesen, wobei die damals unvermeidliche hohe Zahl der „Dunkelmänner" nicht berücksichtigt ist. 1953 zahlten beim Eifelrennen nur noch 38 675 Personen Eintrittsgeld, und beim Großen Preis waren es mit 38 907 keine 300 mehr. Das ADAC-Eifelrennen am 31. Mai 1953 hatte ein sportlich recht ordentliches Programm für Wagen und Motorräder aufzuweisen, litt aber unter einer Eifel-Eigenschaft, die hin und wieder auftritt und durch nichts zu beeinflussen ist: Überaus schlechtes Wetter.

Noch eine Woche vor dem Rennen hatte der Nürburgring an den Pfingsttagen einen Ansturm ohnegleichen von Touristen erlebt, die bei herrlichem Sommerwetter im Frühling Rennstrecke und Landschaft genossen, zwei Tage später aber war das Wetter umgeschlagen, die Regenwolken hatten sich fest zwischen den Eifelbergen eingenistet, und sowohl an den Trainingstagen als auch am Renntag war viel Wasser vom bleigrauen Himmel gefallen. Ein Wetter, von dem nicht nur die Nürburger sagen, daß man da „kein Schwein aus dem Stall jagen" soll. Da kamen natürlich nur die ganz unentwegten Motorsportfreunde. Andere Gründe hatte der schlechte Besuch des Großen Preises, siebter Lauf zur Weltmeisterschaft der Formel 2, am 2. August. Die Überlegenheit der Ferrari-Rennwagen war 1953 so unangefochten, daß einfach „die Luft raus" war. Gegen die Autos mit dem springenden Pferd im Wappen hatte kein anderes Fabrikat auch nur den Hauch einer Chance, und da kein deutscher Fahrer auf einem der sieggewohnten Ferraris saß, blieben die Zuschauer weg. Zwar starteten unter anderem Hans Herrmann und Konstrukteur Ernst Loof auf einem der gemeldeten sieben Veritas, und Hans Stuck, der immer noch großartig fahrende „Bergkönig", war mit einem AFM dabei, doch sie waren allenfalls Statisten.

Gewonnen wurde das Rennen von Dr. Nino Farina, nachdem Ascaris Wagen an der „Antoniusbuche" ein Rad verloren hatte, und nur dem großartigen Fangio, der seinen Maserati auf den zweiten Platz brachte, war es zu verdanken, daß Ferrari keinen dreifachen Erfolg feiern konnte. Dritter wurde nämlich der blonde Engländer Mike Hawthorn auf Ferrari.

Trotz des geradezu katastrophalen Besucherdefizits der beiden traditionsreichsten und größten Veranstaltungen konnte man dem Jahr 1953 dennoch etwas Positives abgewinnen. Der ADAC führte nämlich zum erstenmal sein 1000-Kilometer-Rennen für Sportwagen durch. Damals dachte allerdings noch niemand daran, daß dieses Rennen in seinen besten Jahren sogar den Großen Preis der Formel 1 überstrahlen würde. Das Rennen wurde in die Wertung zum „Pokal der Konstrukteure" aufgenommen, der weltweit ausgefahren wurde. Diese Tatsache garantierte der Erstveranstaltung eine blendende Besetzung, denn es war üblich, daß die Grand-Prix-Fahrer-Elite sich auch im Sportwagen betätigte, da die acht oder neun Rennen zur Fahrerweltmeisterschaft nicht genug waren.

So fanden sich dann auf Ferrari Alberto Ascari und Dr. Farina, auf Lancia Fangio und Taruffi, auf Maserati Hans Herrmann und der Argentinier Marimon als bekannte Fahrer ein. Insgesamt waren 51 Wagen am Start, aufgeteilt in Renn- und Seriensportwagen. 44 Runden auf der Nordschleife waren zu fahren. Begonnen wurde mit dem sogenannten Le-Mans-Start. Die Fahrer mußten zu ihren vor den Boxen aufgestellten Fahrzeugen sprinten. Diese Startform wurde lange beibehalten, später aber aus Sicherheitsgründen abgeschafft. Das erste Internationale ADAC-1000-Kilometer-Rennen gewannen Ascari/Farina auf Ferrari. Sie brauchten immerhin 8:20:44,0 Stunden für die genau 1003,640 Kilometer (Schnitt 120,3 km/h). Fürwahr ein langer Sonntag, jener 30. August 1953! Zuschauer hatte dieses Rennen kaum. Kurt Bosch, heute Sportleiter des ADAC Gau Nordrhein und Leiter zahlreicher großer Rennen, hatte in seiner treffsicheren Art für so schwachen Besuch einmal den Satz geprägt: „Der Rennleiter konnte sie alle per Handschlag begrüßen." Der Grund für die Misere war klar: Ein Rennen braucht seine Zeit, um bekannt zu werden. Erstveranstaltungen haben nur in den seltensten Fällen auf Anhieb Erfolg.

Der ADAC gönnte sich mit dem 1000-Kilometer-Rennen dann auch eine zweijährige schöpferische Pause, kam 1956 mit ihm im Motorsportkalender zurück und verzeichnete in der Folgezeit manch schönen Erfolg. Und das nicht nur in sportlicher Hinsicht.

Am 27. November 1953 wurde zwischen der Bundesrepublik und dem Land Rheinland-Pfalz eine Regelung getroffen, wonach der Aufsichtsrat aus je drei Vertretern des Bundes und des Landes bestehen sollte. Auch in diesem Jahr wurden große Anstrengungen unternommen, die Rennstrecke und ihre Infrastruktur auf hohem Niveau zu halten. 184 000 Mark wurden investiert. Mercedes Benz, die Marke, die schon vor dem Zweiten Weltkrieg zusammen mit der Auto-Union „volle Nürburgring-Häuser" beschert hatte, sorgte dafür, daß 1954 ein Jahr mit einem denkwürdigen Grand Prix wurde. Die Untertürkheimer kehrten in den Formel-1-Rennsport zurück. In der Formel 1 durften Saugmotoren bis 2,5 Liter Hubraum oder Kompressor-Maschinen mit maximal 750 cm^3 Hubraum eingesetzt werden. Am 4. Juli, dem Tag, an dem die deutsche Fußballnationalmannschaft im Berner Wankdorfstadion durch einen 3:2-Sieg über Ungarn Weltmeister geworden war, hatte Mercedes mit einem Paukenschlag seine Rückkehr in die Grand-Prix-Szene gefeiert. Juan Manuel Fangio, dessen Dienste sich die Schwaben gesichert hatten, und Karl Kling hatten in Reims ihre neuen vollverkleideten Silberpfeile mit nur einer halben Wagenlänge Abstand zu einem Doppelschlag über die Ziellinie gejagt.

Nun fieberte natürlich ganz Deutschland dem 1. August entgegen. Um dem Ereignis noch den letzten i-Punkt aufzusetzen, hatte die FIA dem Weltmeisterschaftslauf auf dem Nürburgring den Titel „Großer Preis von Europa" verliehen. Wochen vor dem Rennen waren im weiten Umkreis des Nürburgrings keine Zimmer mehr für das Großereignis zu bekommen. Bis zur Mosel, bis zum Rhein und bis in den Raum Aachen hinein war alles belegt. Schon beim Training war die „Hölle los“. Über die Höhen und hinab in die Täler zogen sich die Zeltstädte der Zehntausende, die bei „Mutter Natur“ logierten. Im Training fuhr Fangio eine Runde in 9:50,1 Minuten – schneller als Langs immer noch bestehender Rundenrekord. Fangios Zeit kam natürlich nicht in die Rekordliste, da in diese nur im Rennen gefahrene Zeiten aufgenommen werden. Am Samstagabend erstrahlte über der Nürburg ein Feuerwerk, und in der Nacht bewegten sich Ströme von Autos und Motorrädern zur Rennstrecke. Sie kamen aus allen Himmelsrichtungen, sie kamen nicht nur aus der Bundesrepublik, sondern vor allem auch aus den westlichen Nachbarländern.

Am Renntag mußten um 11 Uhr die Kassen am Haupteingang geschlossen werden, da alle Eintrittskarten für Tribünen, Promenadenplatz und Südkehre verkauft waren. Die Parkplätze quollen über, die Fahrzeuge parkten kilometerlang entlang der Straßenränder. An der Strecke waren selbst sonst für Zuschauer geperrte Bereiche nicht mehr von den herandrängenden Massen freizuhalten. Wahre Menschentrauben hingen an Bäumen. Polizisten hatten es längst aufgegeben, die Kletterer von ihren Aussichtsplätzen herunterbefehlen zu wollen. 188 120 Zuschauern wurde Eintrittsgeld abgenommen. Die Gesamtzuschauerzahl wurde auf doppelt so viele geschätzt. Selbst Leute, die Eintritt zahlen wollten, kamen nicht zu den Kassierern durch. Es war wohl die größte Zuschauermenge, die es je bei einem einzelnen Sportereignis in Deutschland gegeben hat.

Während die Zuschauer ausgelassen die Stunden vor dem Rennen genießen, bereiten sich zwei Fahrer in tiefer Trauer auf den Start vor. Am Samstag ist im Abschlußtraining der Argentinier Onofre Marimon im Streckenabschnitt „Wehrseifen“ mit seinem Maserati von der Strecke abgekommen und von dem sich überschlagenden Wagen tödlich verletzt worden. Seine Landsleute Fangio und Froilan Gonzales, der eine die Nummer eins bei Mercedes, der andere bei Ferrari, sind geschockt. Fangio will zunächst sogar seinen Start absagen, beugt sich dann aber nach einem Gespräch mit seinem Rennleiter Neubauer der Pflicht. Mercedes setzt bei diesem Rennen vier Wagen ein, außer Fangio gehören Hermann Lang, Karl Kling und der junge Hans Herrmann zur Mannschaft. Während Hans Herrmann noch den vollverkleideten Stromlinienwagen fahren muß, starten seine drei Stallgefährten auf echten Monoposti, Wagen also, bei denen die Räder ohne irgendeine Abdeckung laufen. Ferrari schickt sogar sechs Wagen an den Start, Maserati fünf und der französische Gordini-Rennstall wie Mercedes vier.

Die ganz große Freude kommt bei den Hunderttausenden aus Deutschland erst auf, als der Streckensprecher in der ersten Runde verkündet, Fangio habe am Schwalbenschwanz den bis dahin führenden Ferrari von Gonzales überholt.

Noch mehr als Fangio aber feuert das Publikum Karl Kling an. Nach einem völlig verkorksten Training hatte der silberhaarige Schwabe vom letzten Startplatz aus ins Rennen gehen müssen. Nun jagt er den Mercedes mit der Modellbezeichnung W 196 entfesselt über den Nürburgring. In der siebten Runde liegt Kling hinter Fangio und Lang an dritter Stelle. Drei Mercedes an der Spitze. Doch Kling fährt mit unvermindertem Tempo weiter. Den an der Box tobenden „Don Alfredo“, Alfred Neubauer, scheint er nicht zu sehen. In der zehnten Runde muß auch Lang dem ungestümen Drängen seines Stallkameraden weichen. Lang kommt kurz darauf in der Hatzenbach wegen blockierenden Motors von der Bahn ab. Kling rast weiter. Neubauer ist einem Herzinfarkt nahe. In der 15. Runde geht Kling an Fangio vorbei.

In der 17. Runde bemerkt Kling erste Ausfallerscheinungen an der Hinterachse, in der 19. geht er an die Box, um einen Schaden an der Radaufhängung reparieren und Benzin nachfüllen zu lassen. Denn er ist nicht nur das Risiko dieser Wahnsinnsjagd eingegangen, um Neubauer zu ärgern oder Fangio Weltmeisterschaftspunkte wegzunehmen. Schon ab der zweiten Runde hat er gewußt, daß an seinem Wagen eine Benzinleitung undicht ist. Der auslaufende Treibstoff wurde in das Cockpit geschleudert. Um die Benzingase nicht in voller Konzentration einatmen zu müssen, hat er sich einen nassen Schwamm in den Mund geklemmt, der ursprünglich zum Reinigen der Schutzbrille mitgeführt wurde. Er hat aber gewußt, daß er irgendwann an die Box würde fahren müssen, um Benzin nachzutanken. Deshalb also die wilde Jagd. Der Boxenstopp wirft Kling natürlich zurück, so daß er schließlich froh sein muß, noch Vierter zu werden. Fangio sichert überlegen den Mercedes-Sieg vor Mike Hawthorn, der nach der zehnten Runde den Ferrari von Froilan Gonzales übernommen hatte, und dem Franzosen Maurice Trintignant, ebenfalls auf Ferrari.

Das Rennen war der Beginn der Ära Fangio, und noch schien auch eine neue Mercedes-Ära eingeläutet worden zu sein, doch dann geschah am 11. Juni 1955 um 18.27 Uhr auf der Rennstrecke im französischen Le Mans die größte Katastrophe der gesamten Motorsportgeschichte. Der Mercedes 300 SLR des Franzosen Pierre Levegh flog in die dicht gedrängt vor der Haupttribüne stehenden Zuschauer. 86 Menschen starben. Ein Aufschrei ging durch die Presse.

Großer Preis von Deutschland 1954, das „Rennen aller Rennen".
Juan Manuel Fangio gewinnt vor einer ungeheuren Zuschauerkulisse auf einem Mercedes 2,5 Liter.

Die 250 cm³-Solomotorräder beim Eifelrennen 1955 in der Südkehre.

Der Motorsport wurde in vielen Publikationen generell verdammt. Nicht zuletzt unter dem Druck einer oft mit unsachlichen Argumenten operierenden „öffentlichen Meinung" zog sich Mercedes vom großen Rennsport zurück und sagten ADAC und AvD ihre Spitzenveranstaltungen, 1000-Kilometer-Rennen bzw. Großer Preis der Formel 1, ab.

Natürlich lief das ADAC-Eifelrennen auch 1955, und dann versprachen sich die Verantwortlichen auch recht viel vom Großen Preis von Deutschland für Motorräder, der – ausgerichtet vom deutschen Motorsport-Verband – am 26. Juni in Szene gehen sollte. Die Erwartungen wurden jedoch nicht annähernd erfüllt, denn 15 381 zahlende Zuschauer waren wohl mehr als dürftig für eine Veranstaltung, deren WM-Prädikat zum letztenmal 24 Jahre zuvor ein Rennen in der Eifel getragen hatte. Da war es ein Glück, daß beim Touristenverkehr mit 34 995 Pkw, 13 675 Motorrädern und 1204 Bussen ein neuer Rekord aufgestellt wurde.

Daß auch einem Eifeler Bürgermeister das Hemd näher ist als der Rock, zeigte sich im Jahre 1956. Der Amtsbürgermeister von Adenau legte Beschwerde beim Finanzgericht gegen die der Nürburgring GmbH zuerkannte Gemeinnützigkeit ein. Die Gemeinnützigkeit bedeutete, daß die GmbH keine Grundsteuer bezahlen mußte. Es handelte sich um einen Betrag von

Die Mercedes 300 SLR waren beim Eifelrennen 1955 in der großen Sportwagenklasse unter sich. Stirling Moss gewann das Rennen.

26 000 Mark, ohne den der Amtsbürgermeister die Existenz der Gemeinde in Frage gestellt sah. Daß der Nürburgring selber immer noch der Hilfe von außen bedurfte, macht die Tatsache deutlich, daß der Bund 250 000 Mark und das Land Rheinland-Pfalz 230 000 Mark für die Modernisierungsarbeiten als Zuschüsse gaben.

Die Rennsaison startete mit dem ADAC-1000-Kilometer-Rennen für Sportwagen, das mit 33 213 zahlenden Zuschauern eine recht erfreuliche Kulisse hatte und mit einem Sieg des Engländers Stirling Moss und seines französischen Partners Jean Behra auf Maserati endete. Hinter zwei Ferraris von Fangio/Castellotti und De Portago/Gendebien belegte ein 1500-ccm-Porsche den vierten Platz. Der vierte Platz dieses Hubraum-Winzlings war schon eine Sensation. Beim Schwärmen über das großartige Auto vergaßen die Journalisten aber nicht, auch an die Fahrer zu erinnern. Diese waren der Italiener Umberto Maglioli und der junge Reichsgraf Wolfgang Berghe von Trips, letzter Sproß eines alten Geschlechts mit Sitz auf der Wasserburg Hemmersbach bei Horrem im rheinischen Braunkohlerevier.

Wolfgang Graf Berghe von Trips 1956 auf einem Porsche Spyder 550.

Der Große Preis von Deutschland für Formel 1 war für den 5. August angesetzt. Die Tatsache, daß Mercedes nicht mehr dabei war und eine dem Rennen vorangegangene Diskussion, ob man überhaupt für Formel 1-Rennwagen oder für Sportwagen ausschreiben sollte, trugen dazu bei, daß der Zuschauerbesuch recht mäßig war. Dennoch wurde es zu einem Rennen, dem motorsporthistorischer Wert beizumessen ist. Immer noch hatte nämlich der 1939 von Hermann Lang aufgestellte Rundenrekord Gültigkeit. Er hatte sogar der Mercedes-Meute im Jahre 1954 getrotzt, und es schien tatsächlich unmöglich zu sein, innerhalb eines Rennens mehr herauszuholen als jene schon legendären 9:52,2 Minuten (138,5 km/h). Beim GP 1956 platzte jedoch der Knoten. Und wie er platzte!

Fangio, jetzt bei Ferrari, und sein junger englischer Stallgefährte Peter Collins, die beide alles andere als Stallregie im Kopf hatten, erledigten beide bereits die zweite Runde mit jeweils 9:51,0 Minuten (138,9 km/h). Abgesehen davon, daß die beiden sich schon gegenseitig das Rennen schwer machten, drängte da auch noch der Maserati des Briten Stirling Moss. In der siebten Runde kam dann der Doppelschlag: Gerade hatten die Zeitnehmer für Collins 9:47,6 Minuten gestoppt, da blieben sie für den an dritter Stelle liegenden Moss bei 9:46,6 Minuten

Richard von Frankenberg,
als „Schreckensteiner" bekannter Journalist und Rennfahrer, auf Porsche Spyder 550.

stehen. Collins, Fangio vor sich und Moss im Nacken, erreichte dann in Runde acht mit 9:45,5 Minuten erstmals eine Zeit, die einer Durchschnittsgeschwindigkeit von mehr als 140 km/h entspricht (genau: 140,1 km/h). Den Taktiker Fangio, für heutige Begriffe mit 45 Jahren sicher ein Renn-Methusalem, aber zweifellos auf der Höhe seines fahrerischen Könnens, ließ dies kalt. Er legte in der zehnten Runde mit 9:44,9 Minuten (140,3 km/h) eine neue Bestzeit vor und, wie um absolute Klarheit zu schaffen, fuhr er die 14. Runde in 9:41,6 Minuten (141,2 km/h). Den einzigen von sechs Ferraris, der das Rennen durchstand, steuerte der Argentinier, den seine Freunde „El Chuecco", der Krummbeinige, nannten, zum Sieg. Natürlich bedeuteten die 3:38:43,7 Stunden für die 22 Runden auf der Nordschleife auch neuen Rundenrekord.

Ein Jahr darauf sah sich Fangio, 46 Jahre alt, immer noch sehr schnell und sehr weise, am 4. August besonders harter Konkurrenz gegenüber. Er war im Vorjahr zum vierten Male Formel 1-Weltmeister geworden, hatte danach Ferrari verlassen und fuhr nun einen Maserati. Die beiden englischen Ferrari-Stars Collins und Hawthorn sahen ihr höchstes Ziel darin, das Denkmal Fangio vom Sockel zu stoßen. Die Chancen standen auf dem Nürburgring für dieses Unterfangen recht gut, denn es war bekannt, daß Fangios Maserati die mörderische 22-Runden-Distanz nicht ohne Boxenstopp würde absolvieren können. Im Gegensatz zu den Ferraris. Es kam dann zu einem Rennen, bei dem der Rundenrekord fast fließbandmäßig verbessert wurde.

Die erste Startreihe teilten sich je zwei Maseratis und Ferraris. Die Ferraris von Collins und Hawthorn gingen auch zunächst an die Spitze, und in der zweiten Runde wurde für Collins neuer Rundenrekord mit 9:37,5 Minuten gemeldet, der allerdings nur wenige Augenblicke Bestand hatte, denn als kurz hinter Collins Fangio die Ziellinie passierte, zeigten die Uhren 9:34,6 Minuten. Die nächste Runde beendete Fangio nach 9:33,4 Minuten und schon als Spitzenreiter.

Fangio wußte, daß er um einen Reifenwechsel nicht herumkommen würde und legte noch einen Zahn zu. Bis zur neunten Runde schraubte er den Rekord auf 9:30,8 Minuten. Nach der 11. Runde, genau bei Halbzeit des Rennens also, fuhr der führende Maserati an die Box. Die Reifen wurden gewechselt – und es wurde aufgetankt. Fangio war nämlich nur mit halbvollem Tank ins Rennen gegangen. Ein Trick also, der mehr als 20 Jahre später von den Formel 1-Teams nachgeahmt und als „genial" verkauft wurde. Allerdings waren Fangios Mechaniker im Gegensatz zu dem „Campionissimo" an jenem 4. August 1957 nicht in Bestform. Erst nach fast einer Minute ging der Maserati wieder ins Rennen. Da waren jedoch Hawthorn und Collins längst vorbei und mit 30 Sekunden vor dem Weltmeister in Führung. Und die Engländer ließen es durchaus nicht langsam angehen. Collins fuhr Rundenrekord mit 9:28,9 Minuten, und selbst engste Freunde Fangios glaubten nicht mehr, daß er es noch schaffen könnte.

Fangio fuhr beständig schnell und in der 16. Runde einen weiteren Rekord, was ihn seinen jungen Konkurrenten näher brachte. Seine geradezu aufreizend präzise und schnelle Fahrweise entnervte das führende Ferrari-Duo. Die 19. Runde brachte einen weiteren Rundenrekord – natürlich von Fangio gefahren.

Runde 20 fährt Fangio in unglaublichen 9:17,4 Minuten (149,3 km/h). Niemand weiß, wo er noch Reserven gehabt hat. Hawthorn und Collins resignieren. Ohne große Gegenwehr lassen sie sich von dem Mann überholen, der einfach der Beste von allen ist. Er beendet das Rennen mit einem Gesamtdurchschnitt von 142,9 km/h, was ein Jahr zuvor noch Rundenrekord bedeutet hätte. Fangio ist nach Caracciola und Ascari der dritte „Meister des Nürburgrings". Er hat mit dieser Strecke, ihren Schwierigkeiten und ihren Gefahren gekämpft und sie besiegt. Seine ersten Worte nach dem Zieleinlauf: „Ich habe Dinge tun müssen wie nie zuvor. So möchte ich nie mehr fahren."

Mit dem großen Sieg Fangios ging eine Ära auf ihrem Höhepunkt zu Ende. Fangio wurde 1957 zum fünften Male Weltmeister und zog sich dann vom aktiven Motorsport zurück. Oft sah man ihn aber später noch am Nürburgring, und immer, wenn dieser stille, bescheidene und eigentlich so unscheinbare Mann auftauchte, flogen ihm die Herzen der Motorsportanhänger, die längst „Fans" heißen, zu. Ihn kennen Fans, deren Großvater er sein könnte, noch heute.

Neben den Rennen mit den traditionsreichen Namen fanden ab Mitte der fünfziger Jahre immer mehr Veranstaltungen wie Bergprüfungen, Zuverlässigkeitsfahrten, Rallye-Sonderprüfungen, Fahrerlehrgänge usw. auf dem Nürburgring statt. Wegen des ständig wachsenden Verkehrsaufkommens wurde es immer schwieriger, Motorsport weiterhin auf öffentlichen Straßen zu betreiben.

1957, im 30. Jahr ihres Bestehens, wurde in die Rennstrecke auch wieder kräftig investiert. Für fast eine halbe Million Mark wurden vor allem verschiedene Streckenabschnitte, darunter der gesamte Start- und Zielbereich, mit neuem Straßenoberbelag versehen. So viel Geld war damals wie heute kein Pappenstiel. Die immer wiederkehrenden relativ hohen Summen für Erhalt, Ausbau und Verbesserung des Kurses zeigen aber, daß die Rennstrecke in der Eifel keineswegs, wie später in Unkenntnis der Tatsachen oft behauptet wurde, stets im Stand vom Tag der Einweihung belassen worden wäre. Vielmehr wurden hier über Jahre hinweg Millionenbeträge investiert, in erster Linie wohl, um Sicherheit für Fahrer und Zuschauer zu garantieren.

Während damals, die fünfziger Jahre neigten sich dem Ende zu, die Zahl der touristischen Besucher beständig anstieg, war es um die Rennen trotz guten Sports nicht immer gut bestellt. Die Zahlen des Jahres 1958 sprechen da eine deutliche Sprache: Das ADAC-1000-Kilometer-Rennen, die Veranstaltung, die als einzige auf einem positiven Weg war, hatte 43 666 zahlende Gäste, zum Großen Preis für Motorräder, nach 1955 wieder auf dem Nürburgring, kamen 28 938 Besucher, immerhin mehr als 1955, als nur gut 15 000 dabei waren, und der Große Preis von Deutschland für Wagen war mit 49 198 Zuschauern ebenfalls nicht dazu angetan, bei AvD und Nürburgring GmbH Freudengesänge auszulösen. Ganz schlimm aber erging es dem renommierten Eifelrennen. Da der ADAC Gau Nordrhein die Ausrichtung des Großen Preises der Motorräder übernommen hatte, mußte das Eifelrennen auf den 5. Oktober ausweichen. Es wurde auf der Südschleife gefahren und war als Lauf zur inoffiziellen Meisterschaft für Motorrad-Junioren sowie für GT- und Tourenwagen ausgeschrieben. Nur 9235 Zuschauer sahen das

Le Mans-Start zum ADAC-1000-Kilometer-Rennen 1957. Die Fahrer spurten zu ihren Wagen.

Die Fahrer sitzen in den Wagen, fahren los und fädeln sich in den „fließenden Verkehr“ ein.

Wolfgang Graf Berghe von Trips beugt sich über den Ferrari Formel 1 von Phil Hill (links), 1961 größter Konkurrent des Rheinländers.

Rennen. Die Seitenwagenkategorie wurde von einem jungen Mann aus dem Bergischen Land namens Max Deubel gewonnen. Sein Beifahrer hieß Rolf Amfaldern. Deubel wurde später mit Beifahrer Emil Höner einer der erfolgreichsten Gespannfahrer der Welt und brachte es auf vier Weltmeister-Titel. Seine Maschine war natürlich stets eine BMW, da die robusten bayerischen Zweizylinder-Boxer lange Zeit in der Seitenwagenklasse schier unschlagbar waren.

Beim Großen Preis der Formel-Rennwagen 1958 siegte der englische Zahnarzt Tony Brooks auf einem Vanwall, und der rheinische Graf Wolfgang Berghe von Trips brachte seinen Ferrari auf den vierten Platz. Der Engländer Peter Collins, in den Jahren vorher großer Gegner des noch größeren Fangio, starb nach einem Unfall im Pflanzgarten.

1958 wurde auf dem Nürburgring eine Einrichtung ins Leben gerufen, die sich bis heute nicht nur gehalten, sondern auch nichts von ihrer Anziehungskraft eingebüßt hat und in ihrem Wert sogar noch gestiegen ist: die Sportfahrerlehrgänge der Scuderia Hanseat. Der bekannte Rundfunkjournalist und Hobbyrennfahrer Günther Isenbügel und sein Freund, der Hamburger Motorsport-Organisator und aktive Fahrer Helmuth Rathjen, hatten die Idee, auf abgesperrter Rennstrecke und durch kompetente Instruktoren sportlich-sicheres Fahren zu lehren.

Isenbügel schrieb einmal die eigenen Erfahrungen auf, die gleichzeitig Begründung und Programm der Sportfahrerlehrgänge sein können: *„Wir von der Scuderia Hanseat stammen alle aus dem Lager der Aktiven. 1950, als der Motorsport wieder aufblühte, ritten wir Motorroller und mittelschwere Räder, später stiegen wir um auf den Wagen, tasteten uns ganz von unten her in die Rallies, an die immer größer werdenden PS heran. Wir lernten das Einswerden mit dem Apparat, den wir lenkten. Wir erfuhren uns den Fakt, aus der Intuition heraus zu reagieren. Wir lernten, Geschwindigkeiten, Verzögerungs- und Zentrifugalkräfte zu beherrschen. Wir spürten, daß richtiges Sitzen und korrekte Lenkradhaltung nicht nur Sicherheit, sondern auch Ruhe und zugleich Entspannung gaben. Wir lernten die Achtung vor dem anderen, vor dem Gegner kennen. Und auch, daß die Teilnahme mehr als Sieg bedeutete. Vor allen Dingen lernten wir, uns nur in unseren eigenen Grenzen zu bewegen. Wir übertrugen fast instinktiv und ohne es zu wollen unsere im Sport gemachten Erfahrungen auf den alltäglichen Verkehr."*

Die Lehrgänge hatten von Anfang an viele Interessenten. Instruktoren wie Hans Stuck, Edgar Barth, Richard von Frankenberg, Hans Herrmann und Wolfgang Graf Berghe von Trips übten natürlich eine magische Anziehungskraft

Zwei Rheinländer, die Rennsportgeschichte schrieben: Wolfgang Graf Berghe von Trips und Rudolf Caracciola.

Gespanne beim Eifelrennen 1962 auf der Südschleife.

Stirling Moss, hier in einem Aston Martin, der „König des 1000-Kilometer-Rennens“.

aus. Die Lehrgänge dauerten drei bis vier Tage und hatten nicht nur für Teilnehmer und Organisatoren positive Aspekte, sondern bescherten Sporthotel Tribüne sowie Gaststätten und Pensionen in der Umgebung oft volle Häuser und Kassen.

Da wurde dann wieder deutlich, daß der Nürburgring stets mehr war als eine Motorsportanlage, daß er von seinen Initiatoren und deren Nachfolgern gedacht und betrieben wurde als ein wirtschaftliches Hilfsinstrument. Zu dieser Nürburgring-Seite schrieb Franz Weber, viele Jahre Prokurist der Nürburgring GmbH, bereits 1955 in der September-Ausgabe der Zeitschrift „Nürburgring“: *„Die Wirtschaft eines Gebietes und auch der Wohlstand seiner Bewohner sind weitgehend von Faktoren abhängig, die ihren Einfluß von innen oder von außen empfangen. Solche ausschlaggebenden Faktoren sind von der inneren Perspektive her gesehen die Wirtschaftsgüter, die ein Gebiet aus eigener Kraft herzustellen vermag, sei es in Form einer produktiven Industrie oder Landwirtschaft, von außen her als Träger eines Fremdenverkehrsgewerbes. Das engere und auch weitere Interessengebiet des Nürburgrings hatte bis 1925 keinen dieser Faktoren aufweisen können. In einem Bereich von etwa 30 Kilometern war das Gebiet der heutigen Rennstrecke abgeschlossen, es bildete sozusagen einen Staat für sich.*

Besser gestellt waren schon die Nachbargebiete. An der Ahr sehen wir bereits in den zwanziger Jahren ein stark florierendes Weinbaugebiet und einen immer mehr sich ausbreitenden Fremdenverkehr, im Mayener Gebiet stellen wir eine aufblühende Industrie der Steine und Erden und eine für die damalige Rheinprovinz lebenswichtige Landwirtschaft fest, im Dauner Gebiet mit seinen Maaren hatte sich ebenfalls ein gewisses Maß an Fremdenverkehr herausgebildet. Rings um den Nürburgring also Wohlstand aus eigener Kraft, ein Wohlstand, der dem seinerzeitigen Kreis Adenau fremd blieb. Aus eigenem Verschulden? Nein, die Voraussetzungen waren hier einfach nicht gegeben. Eine eigene Industrie ließ sich aus Mangel an geeigneten Rohstoffen nicht aufbauen, eine weiterverarbeitende Industrie scheiterte an dem Fehlen geeigneter Transportwege, für eine Absatz-intensive Landwirtschaft fehlten die strukturellen Voraussetzungen: auf kargem und zumeist steinigem Boden konnten sich nur Zwergbetriebe entwickeln, die mit Mühe und Not ihren eigenen Bedarf decken konnten, für einen Absatz ihrer Produkte in anderen Gebieten aber nicht in Frage kamen."

Weber fährt fort: *„Man wurde also sozusagen auf den Weg der Fremdenverkehrswirtschaft gestoßen, weil es eben keine andere Möglichkeit gab. Die Schönheit der Eifelland-*

schaft stand außer Zweifel, aber sie allein war nicht imstande, Zehn- oder Hunderttausende von Besuchern anzuziehen, es mußte etwas Zugkräftiges hinzukommen. Und dieses Zugmoment — wenn wir es einmal so nennen wollen — lag in der Ausnutzung der seinerzeitigen Situation des Kraftfahrzeugsportes."

Franz Weber erläutert dann die Notwendigkeit, die Rennstrecke ständig auf dem modernsten Stand zu halten. Dies geschehe mit den eigenen Mitteln und mit Zuschüssen der Gesellschafter. In dem Aufsatz heißt es weiter: *„Rennveranstaltungen und Kraftfahrtourismus sind die beiden großen Säulen, die der Eifel den wirtschaftlichen Impuls geben."* Es folgen Zahlenbeispiele, wohlgemerkt auf der Basis von 1953/54. Auf die heutige Zeit bezogen, gibt es wohl Änderungen der einzelnen Faktoren, das Ergebnis in seiner Bedeutung ist aber sicher das gleiche.

Franz Weber schreibt: *„Die Besucherzahl eines Rennens kann man — wenn man von nicht vorauszusehenden Ereignissen absieht, mit durchschnittlich 170 000 ansetzen. Wenn man den Gesamtaufwand für Verzehr und Übernachtung mit durchschnittlich fünf Mark pro Person ansetzt, so ergibt das 830 000 Mark, ein Betrag, der zum überwiegenden Teil den Gaststätten, Geschäften, Marketendern und den Bewohnern des Umlandes zugute kommt. Zahlreiche Bewohner der näheren Umgebung des Nürburgrings finden an den Renn- und Trainingstagen einen für ihren Haushalt sehr wertvollen Nebenverdienst als Kassierer, Kontrolleur, Feuerwehrmann, Sanitäter, Programmverkäufer usw. Diese aus den Renneinnahmen zu bestreitenden Kosten belaufen sich auf mindestens 50 000 Mark pro Veranstaltung. Die Einnahmen der privaten Grundstücksbesitzer, die am Renntage ihr Gelände für Park- und Zuschauerplätze zur Verfügung stellen, können mit etwa 10 000 Mark beziffert werden. Fast unmöglich ist es, die Einnahmen der Reparaturwerkstätten und Tankstellen zu veranschlagen. Wer die unabsehbaren Ketten von Fahrzeugen auf irgendeiner der zahlreichen Zufahrtstraßen beobachtet, kann sich leicht eine Vorstellung von der wirtschaftlichen Bedeutung eines solchen Rennens für das einschlägige Gewerbe machen."*

Weber weist dann auf die Bedeutung des Nürburgring-Touristenverkehrs außerhalb der Rennen hin. Für viele Besucher sei die Rennstrecke nicht Endstation, sondern Ausgangspunkt so mancher Eifeltour. Ein weiterer wichtiger Gesichtspunkt kommt dann zur Sprache: *„Mit der positiven Entwicklung des Besucherstroms muß selbstverständlich auch das Straßennetz schritthalten. Verzichten wir darauf. Zahl und Zustand der Straßen vor 1925 zu untersuchen, sie waren ebenfalls ein Spiegelbild der* *damaligen Verhältnisse. Die Entwicklung des Nürburgrings brachte es mit sich, daß auch hier ein grundsätzlicher Wandel geschaffen wurde. Neue Straßenzüge wurden gebaut, Verbindungen hergestellt, der Straßenzustand dem steigenden Verkehr angepaßt."*

Franz Weber, der Mann, der dem Nürburgring nicht nur sein Arbeitsleben widmete, schreibt in seiner zusammenfassenden Schlußfolgerung dann Sätze, die ebensogut 30 Jahre später hätten geschrieben werden können und deren Inhalt auch heute aktuelle Gültigkeit hat: *„Auch dem vielleicht Voreingenommensten dürfte bei einigem Nachdenken klargeworden sein, daß die Erschließung der Eifel das Verdienst des Nürburgrings ist. Sollte die Renn- und Touristikstraße heute oder morgen aus irgendwelchem Grunde ihre Existenz verlieren, sollte der Nürburgring nicht mehr dem Sport und der Touristik zugänglich sein, dann würde das für die Eifel ein Rückfall in frühere Zeiten bedeuten. Die Motorsportler — ihres Anziehungspunktes beraubt, würden sich abwenden, der Touristenverkehr würde nachlassen, die Eifel und ihre Bewohner wären die Leidtragenden. Den Nürburgring zu erhalten, ihn zu fördern und zu modernisieren, muß daher die Aufgabe aller in Frage kommenden Stellen sein. Es kann schnell etwas dem Verfall anheim fallen, aber etwas Gleichwertiges an seine Stelle zu setzen, ist sehr schwer und kostet vor allem viel Geld. Möge dieser nur angedeutete Fall niemals Wirklichkeit werden, möge der Nürburgring weiterhin das bleiben, als was er in der ganzen Welt angesehen wird: Pflegestätte des Sports, Versuchsanlage für die Industrie, Touristenstraße für den Kraftfahrer und Mehrer des Wohlstandes für die ganze Eifel."*

Die von Franz Weber angeführten Argumente hatten und haben Gültigkeit. Einer, der dies stets anerkannte, war der erste Ministerpräsident des Landes Rheinland-Pfalz, Peter Altmeier. Als er 1958 den Vorsitz des Aufsichtsrats an den Leiter der Staatskanzlei, Ministerialdirektor Duppré, abgab, konnte er dies in dem Bewußtsein tun, den Nürburgring nach dem Krieg wieder flottgemacht zu haben. Die Nachfolger Altmeiers im rheinland-pfälzischen Ministerpräsidentenamt, Dr. Helmut Kohl und Dr. Bernhard Vogel, machten später ebenfalls Anliegen des Nürburgrings zu Anliegen des Landes, eine Tatsache, der der Nürburgring auch das Überwinden seiner schwersten Krise und eine neue Option auf eine positive Zukunft verdankt.

1959 ist aber von einer existenzbedrohenden Krise keine Rede, wenn auch der AvD, durch mehrere finanzielle Niederlagen aufgeschreckt, den Großen Preis von Deutschland für Formel 1-Rennwagen auf der Berliner Avus austrägt. Doch auch in der ehemaligen Reichshauptstadt bleibt der erwartete Zuschaueransturm aus, so daß von generellem Desinteresse des deutschen Publikums am Formel-Rennsport schlechthin gesprochen wird. Verständlich, denn die vorhandenen Vierzylinder-Porsche-Rennwagen bewegten sich ja in der Sportwagenklasse, und deutschen Fahrern, etwa dem Stuttgarter Hans Herrmann, stand allenfalls zweitklassiges Formel-Material zur Verfügung.

Für den Nürburgring brachte 1959 dennoch einen positiven Punkt. Das ADAC-1000-Kilometer-Rennen erreichte nämlich mit 57 842 zahlenden Zuschauern einen erneuten Höchststand. Dazu muß gesagt werden, daß die Eintrittspreise erhöht worden waren. Die teuersten Plätze, Haupttribüne, erste und zweite Reihe, kosteten 30 Mark, für den Streckenplatz mußten vier Mark bezahlt werden. Das Rennen selbst wurde wieder zu einem jener Sportereignisse, die man nicht vergißt. Der Engländer Stirling Moss vollbrachte eine Leistung, die mit der verglichen werden kann, die Fangio beim Großen Preis 1957 geboten hatte. Moss hatte das 1000-Kilometer-Rennen bereits 1956 und 1958 gewonnen. Nun war er trotz starker Gegner auch für 1959 Favorit. Das Auto war wie 1958 ein Aston Martin, zweiter Fahrer war der Engländer Jack Fairman. 1958 hatte der Australier Jack Brabham sich mit Moss im Cockpit des Dreiliter-Sportwagens abgewechselt. Nun war dieser neue Mann, Jack Fairman, sicher ein guter Fahrer, doch den Anforderungen des Nürburgrings und der Qualität der Konkurrenten, wie sich zeigen sollte, nicht ganz gewachsen.

Zunächst aber legte Moss einen seiner bereits berühmten Le Mans-Blitzstarts hin und verblies die Ferrari-Konkurrenz in den ersten 15 Runden nach Strich und Faden. Als Fairman den Wagen übernahm, konnte er sich auf einen beruhigenden Vorsprung verlassen. Doch ausgerechnet als er am Steuer saß, gingen vereinzelte Regenschauer über dem Ring nieder. Fairman war wohl einen Moment unaufmerksam, und schon war sein Aston Martin von der Bahn gerutscht. Der Fahrer bekam das Auto zwar wieder flott, was wohl seine größte Leistung an diesem Tag bedeutete, doch zwei Ferraris hatten den Havaristen inzwischen passiert und einen beachtlichen Vorsprung vor dem Aston Martin herausgefahren. An den Boxen übernahm dann sofort wieder Moss den Wagen, und nach nur sieben Runden hatte er sich die Spitze zurückgeholt. Er setzte sich gegen die Ferraris durch und gewann zum drittenmal das ADAC-1000-Kilometer-Rennen.

Das Eifelrennen 1959 zeigte mit fast 14 000 zahlenden Zuschauern leicht steigende Tendenz, und das vom ADAC Gau Nordrhein neu geschaffene Eifel-Pokal-Rennen, das dem Rennfahrernachwuchs vorbehalten war, hatte

Die Rennstrecke hat den idyllischen Ort Nürburg weltbekannt gemacht und seinen Bürgern zu Wohlstand verholfen.

als Erstveranstaltung mit 7178 zahlenden Zuschauern einen beachtlichen Einstand.

Auch 1959 wurde am Nürburgring gebaut. Die Einfahrt in Breidscheid wurde großzügig gestaltet, so daß auch von dort aus der Touristenverkehr reibungslos abgewickelt werden konnte.

Zwei neue Veranstaltungen tauchten 1960 im Terminkalender auf: das Internationale ADAC-6-Stunden-Rennen und das Internationale ADAC-500-Kilometer-Rennen. Das 6-Stunden-Rennen, später erhielt es den Namen „Großer Preis der Tourenwagen", wurde vom ADAC Gau Saarland veranstaltet, der damit zum erstenmal auf dem Nürburgring als Organisator in Erscheinung trat. Der damalige Sportleiter in Saarbrücken, Will Stenger, hatte frühzeitig erkannt, daß in Zukunft nicht nur Formel- und Rennsportwagen, sondern seriennahe Fahrzeuge im Motorsport eine wichtige Rolle spielen würden.

Der Zuschauer, so wurde argumentiert, wolle sein Alltagsfahrzeug in für den Sport leicht verbesserter Form auch einmal auf der Rennstrecke sehen. Daß man allerdings bei der Erstveranstaltung ein Wagnis einging, war klar. So wurde auch erst einmal von den Zuschauern kein Eintritt erhoben. Sie sollten sich einfach zum Nulltarif das Rennen ansehen und sich eine Meinung bilden. Das Rennen wurde von Goldener/von Zedlitz auf einem Mercedes 220 SE gewonnen und leitete die Serie großer und interessanter Tourenwagenrennen auf der Nordschleife ein.

Das 500-Kilometer-Rennen setzte der ADAC-Gesamtclub praktisch als Pendant zu seinem 1000-Kilometer-Rennen in die Sportwelt. Während beim 1000-Kilometer-Rennen Wagen mit größeren Motoren das Sagen hatten, gingen über die halbe Distanz Touren- und GT-Wagen an den Start, deren Motoren nicht mehr als 1000 Kubikzentimeter Hubraum haben durften. Das 500-Kilometer-Rennen verschwand aber später wieder von der Bildfläche, was aber nicht bedeutet, daß dadurch die Zahl der Veranstaltungen auf dem Nürburgring abgenommen hätte. Im Gegenteil, im Laufe der Jahre kamen immer mehr Rennen hinzu, so daß man seit Jahren schon von einer „ausgebuchten Saison" sprechen kann.

Auch 1960 hielt der Aufwärtstrend des ADAC-1000-Kilometer-Rennens an. Mit 65 608 verkauften Eintrittskarten war es das mit weitem Abstand bestbesuchte Rennen des Jahres. Diese Rennen hatten inzwischen auch eine ureigene Atmosphäre gewonnen. Da es ein einziges Rennen an einem Tag gab, das aber damals meistens fast acht Stunden dauerte, richtete man sich als Zuschauer häuslich ein. Während des Rennens ging man wohl auch mal zur Getränkebude oder ließ sich von „Muttern" zum Es-

Der Start- und Zielbereich der alten Rennstrecke mündete in einen „Schlauch" vor der Südkehre. Bild: Startrunde 1000-Kilometer-Rennen 1959.

sen bitten. An den beliebtesten Streckenabschnitten Hatzenbach, Adenauer Forst, Wehrseifen, Karussell, Wippermann, Brünnchen und Schwalbenschwanz wurden schon an den Trainingstagen die Zeltstädte aufgebaut. Da sah man manchmal fast perfekt eingerichtete Küchen, und aus einem in einem Baum plazierten Faß voll Wasser mit Ablaufrohr, Wasserhahn und Brausekopf wurde eine ebenso einfache wie wirkungsvolle Dusche.

1960 kamen natürlich viele Zuschauer, um „ihren" Stirling Moss zu sehen. Der Husarenritt des Engländers vom Vorjahr war noch nicht vergessen, und die Fans wollten sehen, ob er denn auch mit einem Maserati und mit dem Kalifornier Dan Gurney als Beifahrer gewinnen würde. Sicher wollten die Zuschauer aber auch feststellen, wie weit die hubraumschwächeren Porsches sich wieder in das Feld der „dicken" Brocken bis drei Liter Hubraum würden vorarbeiten können.

Wieder ging Sprinter Moss sofort an die Spitze des 67 Wagen starken Feldes. Der Maserati wurde gnadenlos gejagt, doch nach 44 Runden fuhr er als Erster über die Ziellinie. Natürlich bejubelten die Zuschauer den Hattrick von Stirling Moss, doch waren sie ebenso begeistert von einem Porsche-Erfolg. Denn auf dem zweiten Platz landete der erste Werksporsche, gefahren von dem Schweden Joakim Bonnier und dem Belgier Olivier Gendebien. Im Ziel lagen Bonnier/Gendebien weniger als einen Kilometer hinter dem siegreichen Maserati.

Porsche überraschte jedoch nicht nur mit dem zweiten Rang im Gesamtklassement und damit natürlich auch dem Sieg in der Klasse bis zwei Liter Hubraum, bemerkenswerter war vielmehr, daß sich unter den ersten Zehn des Gesamtklassements nicht weniger als sechs Autos mit dem Markenemblem der Zuffenhausener befanden. Ein großartiger Beweis für Qualität und Zuverlässigkeit.

Auf die Anziehungskraft deutscher Rennwagen setzte im selben Jahr wohl auch der AvD beim Großen Preis von Deutschland. Nach dem Avus-Debakel von 1959 hatte der Club zum Nürburgring zurückgefunden, das Rennen aber für Formel 2-Rennwagen ausgeschrieben und die 7,7 Kilometer lange Südschleife als Strecke gewählt. Es war bekannt, daß die Formel 2 des Jahres 1960 im Jahr darauf als Formel 1 laufen würde, und da Porsche einen Wagen mit Vierzylinder-Boxermotor im Heck entwickelt hatte, sollten die Schwaben auch die Chance haben, ihren neuen Renner einzusetzen.

Wolfgang Graf Berghe von Trips, damals gerade auf dem Weg zur absoluten Spitze und Werksfahrer bei Ferrari, war von Commendatore Enzo Ferrari persönlich für dieses Rennen an Porsche ausgeliehen worden, da die Italiener

Sicherheitsstreifen waren 1961 noch nicht gefragt. Sport- und GT-Wagen in der Hatzenbach.

selbst auf einen Start verzichteten. Außer von Trips fuhren Graham Hill, Jo Bonnier, Edgar Barth und Hans Herrmann für Porsche, Cooper war mit zwölf (!) Wagen vertreten, die unter anderem von Jack Brabham, Maurice Trintignant, Bruce McLaren und dem Düsseldorfer Wolfgang Seidel pilotiert wurden. Für Lotus gingen der Haudegen Innes Ireland und 1000-Kilometer-Sieger Dan Gurney an den Start.

Wenn auch das Rennen nicht zur Weltmeisterschaft zählte, so war die Besetzung also doch sehr gut, und daß nur 25 565 Zuschauer kamen – der am schlechtesten besuchte Grand Prix der Nürburgring-Geschichte – war zu einem großen Teil auf das schlechte Wetter zurückzuführen. Bonnier ging bei strömendem Regen nach dem Start vor von Trips und Brabham in Führung, und in dieser Reihenfolge wurde nach 30 Runden auch der Zieleinlauf registriert. Die meisten Zuschauer hatten sich unter Zeltplanen und Regenschirme zurückgezogen, und es muß gesagt werden, daß sie nicht viel verpaßten.

Waren 1960, vom 1000-Kilometer-Rennen einmal abgesehen, die Besucherzahlen alles andere als zufriedenstellend gewesen, so trat 1961 eine Wende ein, für die in erster Linie wohl ein Name verantwortlich war: Wolfgang Graf Berghe von Trips. Der sympathische Adlige war bei Ferrari zu einem echten Spitzenfahrer herangereift, und die neue Rennformel – die Motoren hatten 1,5 Liter Hubraum – schien ihm auf den Leib geschneidert. Es waren aber nicht nur die Rennerfolge, die den Grafen in kurzer Zeit nicht nur bekanntmachten, sondern populär werden ließen. Trips war der Mann, der auch im Augenblick größten Triumphes normal blieb. Er war von Haltung und Charakter her eine reife Persönlichkeit. Dazu kam, daß er sich auch als bester und erfolgreichster deutscher Fahrer keinen Panzer der Unnahbarkeit umlegte, sondern sein Wissen und seine Beziehungen einsetzte, dem deutschen Rennfahrernachwuchs weiter zu helfen. Er war ein glänzendes Aushängeschild einer Sportart, die nicht nur Freunde hat. Er konnte sachlich und gekonnt argumentieren und ging keinem Streitgespräch über den Sinn des Motorsports aus dem Wege. Da er neben Deutsch auch Englisch, Französisch und Italienisch sprach, war er natürlich auch jemand, der im Ausland nicht nur für seinen Sport, sondern auch für seine Heimat unschätzbare Sympathiewerbung betrieb.

Dieser Wolfgang Graf Berghe von Trips war der umschwärmte Star an den beiden Trainingstagen zum 1000-Kilometer-Rennen, das im übrigen mit dem Wettergott auf äußerst schlechtem Fuß zu stehen schien, denn Nebel und Regen im Training und während des Rennens außer Regen sogar ein paar Schneeschauer sorgten für denkbar schlechte äußere Bedingungen. Dennoch kamen 73 653 zahlende Zuschauer.

Rekord-Sieger Moss fuhr einen Porsche, setzte diesen aber schon im ersten Rennviertel neben die Piste. An der Spitze kämpften die Ferraris und zwei Maseratis um das bessere Ende. Publikumsliebling von Trips kam erst spät zum Einsatz, da der Wagen, den er ursprünglich übernehmen sollte, in Flammen aufging, als er von Phil Hill gefahren wurde. So lag plötzlich und sicher überraschend der Maserati der Amerikaner Masten Gregory und Lloyd Cassner in Führung.

Von Trips übernahm den Ferrari Olivier Gendebiens. Vom Publikum frenetisch angefeuert, machte er sich auf die Aufholjagd. Vom zehnten Platz kämpfte er sich bis auf Rang drei vor, konnte aber zum mit einer ganzen Runde Vorsprung führenden Maserati natürlich nicht mehr aufschließen und auch den Ferrari der mexikanischen Brüder Ricardo und Pedro Rodriguez erreichte er nicht mehr.

Seine Leistung beim 1000-Kilometer-Rennen und Erfolge in der Formel 1 machten den Grafen natürlich auch zum Hauptanziehungspunkt beim Großen Preis von Deutschland, der wieder einmal auch „Großer Preis von Europa“ war. Es ist fast unvorstellbar, wie von Trips damals geradezu belagert wurde. Und dennoch blieb er bei allem Streß stets nett und hatte selbst auf nervende Fragen noch eine freundliche Antwort. Fürwahr ein Gentleman!

Nach dem mißlungenen Abstecher auf die Südschleife im Jahr zuvor war der AvD mit seiner Top-Veranstaltung wieder auf die Nordschleife zurückgekehrt. Über 95 000 Zuschauer, zahlende wohlgemerkt, wollten „ihren“ Wolfgang von Trips seinem Ziel, dem Gewinn der Formel 1-Fahrerweltmeisterschaft, ein Stück näher kommen sehen. Sie konnten dies für relativ wenig Geld, denn der teuerste Haupttribünenplatz kostete 45, ein Streckenplatz ganze vier Mark.

Alle Hoffnungen der deutschen Zuschauer konzentrierten sich logischerweise auf von Trips, der aber keineswegs als Favorit ins Rennen ging. Während im Training Phil Hill, Teamkamerad und härtester Rivale im Kampf um die Weltmeisterschaft, mit 8:55,2 Minuten eine sensationelle Bestzeit fuhr, lief es für den Grafen auf seiner geliebten Hausstrecke überhaupt nicht nach Wunsch.

Neben Phil Hill qualifizierten sich für die erste Startreihe Jack Brabham, dessen Cooper mit einem brandneuen Achtzylinder-Coventry-Climax-Motor bestückt war, Stirling Moss mit einem Lotus-Climax und Joakim Bonnier auf dem Vierzylinder-Porsche. Als es vor dem Start zunächst regnete, dann wieder die Sonne schien, im Westen aber immer noch dunkle

Wolken zu sehen waren, begann bei den Teams wieder einmal das große Ratespiel, ob man Regenreifen oder Pneus für trockene Strecke aufziehen sollte. Nun waren damals Trockenreifen noch nicht die profillosen Slicks von heute, und die Regenreifen von 1961 hatten wiederum noch nicht die weichen Gummimischungen, die dazu führen, daß ein Regenreifen von 1984 auf trockener Straße dahinschmilzt wie Butter in der Julisonne. Der Unterschied zwischen beiden Reifenarten lag 1961 hauptsächlich im Profil, das beim Regenreifen tiefer war und mehr Drainagerillen hatte. Nun, für den Großen Preis 1961 wählten Ferrari und Porsche Trockenreifen, Lotus setzte seine Hoffnung auf Regen, und Jack Brabham, der ganz klug sein wollte, ließ vorne Regen- und hinten Trockenreifen aufziehen. Im Rennen kam er jedoch nur bis zur Hatzenbach, wo er von der Bahn rutschte und durch die Hekke flog, aber nicht verletzt wurde.

Moss, dessen Lotus mindestens 30 PS weniger Motorleistung als die Ferraris hatte, legte an der Spitze ein Tempo vor, als ob ihn die fehlenden PS überhaupt nicht interessierten. Nur ganz kurz konnte Phil Hill in der ersten Runde einmal in Führung gehen, dann mußte er den Lotus wieder ziehen lassen. Zur Freude der deutschen Zuschauer hielten sich die beiden Porsches von Hans Herrmann und Dan Gurney auf den Plätzen drei und vier, doch sie mußten bald von Trips weichen, dessen Ferrari jetzt ohne die kleinen Fehler lief, die im Training Ärger gemacht hatten. Der Graf wurde von Runde zu Runde schneller, und die Zeichen von der Box machten Moss klar, daß sich hinter ihm eine Gefahr anbahnte. So legte auch er zu und beendete die achte Runde nach 9:02,8 Minuten, doch von Trips schaffte 9:01,6 Minuten und überholte seinen Stallgefährten Phil Hill. Der Jubel der Zuschauer ist kaum zu beschreiben. Man dachte unwillkürlich an die große Zeit der Silberpfeile vor dem Zweiten Weltkrieg, als ein anderer Rheinländer, Rudolf Caracciola, die Massen begeisterte, oder auch an das große Mercedes-Comeback von 1954, als Kling seine grandiose Aufholjagd fuhr und Fangio das Rennen gewann.

Von Trips verringerte den Vorsprung von Moss und durchbrach in der zehnten Runde als erster Fahrer in einem Rennen die Neun-Minuten-Schallmauer mit genau 8:59,9 Minuten. Plötzlich aber war Phil Hill wieder hellwach und sehr schnell. Für ihn wurde nämlich ebenfalls die zehnte Runde mit großartigen 8:59,8 Minuten (152,7 km/h) notiert. Das war neuer Rundenrekord, und die Experten warteten auf noch schnellere Rundenzeiten. Da setzte jedoch wieder Regen ein, und damit war Moss natürlich wieder im Vorteil. Während er unangefochten an der Spitze fuhr, kämpften Trips und Hill verbis-

Start zum GP von Deutschland 1961. Massenbesuch wegen Wolfgang von Trips, der hinter Stirling Moss Zweiter wurde.

Markenpokal-Rennen schon 1964:
DKW auf der Südschleife.

sen um den zweiten Platz, den der Amerikaner bis kurz vor dem Ende der letzten Runde behauptete. Doch dann ging von Trips aus dem Windschatten heraus, überholte Hill und baute damit seine Führung in der Weltmeisterschaftswertung aus.

Wenige Wochen später kam dieser große Sportsmann, dieser hervorragende Botschafter seines Sports, bei einem schrecklichen Unfall während des Großen Preises von Italien auf der Bahn im königlichen Park von Monza ums Leben.

Auch der Nürburgring blieb 1961 nicht von schweren Unfällen verschont. Beim ADAC-Eifelrennen am 30. April erlebte die Rennstrecke einen der schwärzesten Tage ihrer Geschichte. Auf der Südschleife hatte der ADAC Gau Nordrhein Rennen für Motorräder und Wagen ausgeschrieben. Wieder einmal war das Wetter schlecht. Besonders die Motorradfahrer hatten es schwer und lebten gefährlich. Der Engländer Dickie Dale, ein netter aufgeweckter Bursche, hatte die Klasse bis 350 cm³ Hubraum gewonnen und lieferte sich in der Halbliterklasse ein packendes Duell mit seinem Landsmann Perris. In der dritten Runde fuhr Dale die schnellste Runde des gesamten Rennens, doch in der vierten Runde rutschte in der Rechtskurve vor Müllenbach seine Norton weg. Dale wurde bei dem Sturz gegen einen Stützpfosten der Umzäunung geschleudert, zurück auf die Strecke geworfen und von der sich überschlagenden Maschine getroffen. Der Schwerverletzte wurde unverzüglich mit einem Hubschrauber in die Bonner Universitätsklinik geflogen, doch auch dort konnten die Ärzte sein Leben nicht mehr retten.

Im Rennen der Maschinen mit Seitenwagen stürzte in der siebten Runde das Gespann von Fath/Wohlgemuth. Wolfgang Wohlgemuths Verletzungen waren tödlich, Helmut Fath erlitt mehrere Beinbrüche. Später mußte ihm ein Unterschenkel amputiert werden.

Natürlich wurde durch diese Unfälle in der Öffentlichkeit wieder die Diskussion über den Sinn des Motorsports angefacht. Und wieder standen sich Gegner und Befürworter mit den Argumenten gegenüber, die für oder gegen den Sport schon seit dessen Entstehen gebraucht werden.

Im Jahr 1961 einigten sich die Anteilseigner der Nürburgring GmbH auf folgende Beteiligungsverhältnisse: Von einer Million Mark Stammkapital entfielen 50 Prozent auf die Bundesrepublik Deutschland, 49 Prozent auf das Land Rheinland-Pfalz und ein Prozent auf den Kreis Ahrweiler. Der Steuerstreit mit der Stadt Adenau aber schwelte weiter. Inzwischen befaßte sich der Bundesfinanzhof mit dieser Sache. 1962 wurde ein Kompromißvorschlag gemacht, wonach das Land Rheinland-Pfalz den betroffe-

Bei den großen Rennen wurde das Gebiet um die Nordschleife oft zum größten Campingplatz Europas.

nen Gemeinden 250 000 Mark zur Verfügung stellte. Die Nürburgring GmbH sollte ab 1963 Beträge in Höhe der Grundsteuer an die Gemeinden zahlen, ohne jedoch eine rechtliche Verpflichtung hierzu einzugehen. Alle Beteiligten stimmten zu, doch der Streit war damit nicht beendet. Das Verfahren geriet nun an das Landesfinanzgericht, das zu prüfen hatte, ob seinerzeit vom Finanzamt Ahrweiler der Nürburgring GmbH die Gemeinnützigkeit zu Unrecht zuerkannt worden war.

Einen gelinden Schock löste am Nürburgring 1962 auch ein Schreiben des Bundesrechnungshofs an den Bundesminister für Verkehr aus, in dem empfohlen wurde, für Unterhalt und Ausbau des Nürburgrings keine Zuschüsse mehr zu geben. Die Rechnungsprüfer dachten daran, die Kosten für die Rennstrecke ganz von den Benutzern, also den Veranstaltern tragen zu lassen. Das war natürlich graue Theorie, denn da die Veranstalter längst nicht bei jedem Rennen Gewinne einfuhren, hatten sie wohl kein Interesse, noch zusätzlich Geld aus Mitgliedsbeiträgen für den Unterhalt einer Motorsportstätte aufzubringen. Die Nürburgring GmbH selbst erhöhte die Preise im Touristenverkehr und zeigte damit ihren guten Willen, den Zuschußbedarf so gering wie möglich zu halten. Auch die Mieten für kleinere Sportveranstaltungen und für Testfahrten der Industrie wurden heraufgesetzt. Der gute Wille wurde honoriert: auch 1962 kamen vom Bundesfinanzministerium 90 000 Mark Zuschuß. Das Land Rheinland-Pfalz zahlte 100 000 Mark. Bei der Landesregierung in Mainz sah man auch damals im Nürburgring nicht so sehr die „Nur-Sportstätte“, sondern vor allem seine wirtschaftliche Bedeutung.

Die Rennen im Jahre 1962 waren durchweg sportliche und finanzielle Erfolge. Der ADAC Gau Nordrhein richtete sein Eifelrennen zum 25. Mal aus und sorgte für entsprechend attraktive Besetzung. Dies wurde wiederum von den Zuschauern honoriert, die 26 355 mal die Kassen klingeln ließen und damit für eine erhebliche Verbesserung gegenüber den Vorjahren sorgten. Die Zuschauer sahen vor allem ein phantastisches Seitenwagenrennen, das Max Deubel/Emil Hörner nach einem erbittert geführten Duell mit den Schweizern Camathias/Nacht auf den letzten Metern für sich entschieden.

Das ADAC-1000-Kilometer-Rennen blieb auch 1962 bei seinem Aufwärtstrend, hatte knapp über 79 000 zahlende Besucher und endete mit einem Sieg des Ferrari von Phil Hill/Olivier Gendebien. Der dritte Platz ging an den neuen Porsche-Achtzylinder-Prototyp, gefahren von Hans Herrmann/Graham Hill. Die Hubraum-underdogs aus Zuffenhausen hatten wieder gezeigt, daß sie dabei waren, im Sportwagen- und Prototypensport an die Spitze vorzustoßen.

86 922 Zuschauer bezahlten am 5. August Eintritt, um den auf 16 Nordschleifen-Runden angesetzten Großen Preis von Deutschland für Formel-1-Rennwagen zu sehen. Vor allem aber erlebten sie zunächst einmal das, was ein Journalist in einer Zeitung so schilderte: *„Alle Naturgewalten schienen sich an diesem Tag gegen den Automobil-Club von Deutschland, den Veranstalter, verschworen zu haben. Erst hingen die Wolken grau und schwarz bis zur Nürburg herunter, dann wechselten sich dichter Nebel und wolkenbruchartige Regenfälle ab. Einzelne Streckenabschnitte glichen wahren Stauseen. An einer Stelle war die Strecke stark verschlammt, da eine Böschung abgerutscht war. Die vielen Zuschauer standen trotz allem dicht gedrängt, in Regenmäntel gehüllt, unter Zeltplanen versteckt und unter Regenschirmen an der Strecke, aber sie wichen nicht."*

Der Start wurde verschoben, dann eine „Anschauungsrunde" gefahren, und mit mehr als anderthalbstündiger Verspätung gingen die 26 qualifizierten Fahrer in diesen Weltmeisterschaftslauf. Graham Hill auf BRM gewann das Rennen, hatte es aber nicht leicht, denn während der gesamten Distanz wurde er immer wieder von John Surtees auf Lola und dem amerikanischen Porsche-Spitzenfahrer Dan Gurney hart attackiert. Es war eines der Rennen, die mit dazu beigetragen haben, daß es Zeitgenossen gibt, die pauschalierend behaupten: „Och, wenn auf dem Nürburgring ein Rennen ist, regnet es auch." Das stimmt natürlich ganz und gar nicht. Wer genau Buch führt, wird wissen, daß die Renntage, an denen schönes Wetter herrschte, in der Eifel weit überwiegen.

Aber natürlich bleiben die Schlechtwetterrennen wegen ihrer Abnormitäten besser in Erinnerung. Da wird zum Beispiel an hohe Ausfallquoten gedacht, da erinnert sich auch mancher Besucher an den Schnupfen, den er sich beim Zuschauen geholt hat, und der eine oder andere Journalist denkt noch daran, daß der Regen seine Notizblockseiten näßte und der Wind die Papiere von der Pressetribüne unter das Volk auf dem Promenadenplatz wehte. Und die meisten, die sich solcher Unbill erinnern, tun es nicht einmal mit einem zornigen Blick auf die Vergangenheit, sondern mit einem leichten Klopfen auf die eigene Schulter für die Leistung, dabeigewesen zu sein.

Da 1962 insgesamt 99 522 Touristenfahrzeuge gegen Gebühr den Nürburgring befuhren, wurden in diesem Geschäftsbereich 305 616 Mark eingenommen, so daß Geschäftsführer Toni Koll am Jahresende zu Recht sagen konnte: „Es war ein gutes Jahr."

Toni Koll, der kleine Mann mit starkem Durchsetzungsvermögen, ging neun Monate später, am 30. September 1963, in Pension. Sein

Zwei Freunde begrüßen sich 1968 am Nürburgring: Stirling Moss (links) und Juan Manuel Fangio.

Nachfolger wurde Dr. Everhard Ludemann, 41 Jahre alt und mit reichen Erfahrungen in leitenden Positionen der Bergbauindustrie ausgestattet. Auch Ludemann konnte nach dreimonatiger Tätigkeit einen guten Jahresabschluß für 1963 vorweisen. Bei fast allen Rennen wiesen die Unterlagen gestiegene Besucherzahlen aus, und auch im Touristenverkehr hielt die positive Entwicklung an. Allerdings konnte die Gesellschaft das Geld gut gebrauchen, denn allein für die Instandhaltung der Strecke, also nicht für Neu- oder Umbauten, wurden über 235 000 Mark ausgegeben.

„Rennen des Jahres 1964" war das ADAC-1000-Kilometer-Rennen, Weltmeisterschaftslauf für GT-Fahrzeuge und Prototypen. 104 990 zahlende Zuschauer bedeuteten für diese Veranstaltung absoluten Rekord, eine Zahl, von der ein Veranstalter heute nur noch träumen kann. Die Vielfalt der teilnehmenden Fahrzeuge, die große Zahl der Marken, die berühmten Namen der Fahrer – damals war es noch selbstverständlich, daß ein Formel-1-Fahrer auch in der Langstrecken-Weltmeisterschaft fuhr – und das Engagement eines deutschen Werkes, Porsche, machten das 1000-Kilometer-Rennen zum Publikumshit. Doch gewonnen wurde das Rennen von dem Ferrari mit der italienischen Besetzung Lodovico Scarfiotti/Nino Vacarella. Unter den ersten zehn Autos landeten aber wieder einmal sechs Porsches, bei denen es sich sowohl um GT-Fahrzeuge als auch auch um Prototypen handelte.

Grund zur Freude hatte Commendatore Ferrari auch am 2. August. An diesem Tag gewann nämlich ein Ferrari mit John Surtees am Steuer

Der erste Ministerpräsident von Rheinland-Pfalz, Peter Altmeier (rechts), war ein großer Förderer des Nürburgrings. Das Bild zeigt ihn 1968 mit Nürburgring-Geschäftsführer Dr. Everhard Ludemann sowie beider Frauen.

den Großen Preis von Deutschland. Surtees hatte schon sieben Motorrad-Weltmeistertitel gewonnen, ehe er auf vier Räder umstieg und es auch in dieser Branche zu höchsten Ehren brachte. Er war auf dem Nürburgring stets ein gern gesehener Mann, da er diese Strecke liebte und das auch zeigte. Surtees fuhr selbst dann noch schnelle Nürburgring-Runden, wenn er weit in Führung lag und eigentlich nur noch auf Nummer Sicher hätte fahren können. Mit 8:39,0 Minuten (158,2 km/h) markierte er 1964 neuen Rundenrekord.

Als 1965 aus Bonn angedeutet wurde, die Bundesrepublik wolle aus der Gesellschaft aussteigen, das heißt, ihre Geschäftsanteile abgeben, nahm man Kontakte zu den Automobilclubs auf, um eventuell auf dieser Seite neue Partner zu finden. Die Clubs winkten jedoch ab. Der Bund blieb Gesellschafter unter der Bedingung, daß das Land Rheinland-Pfalz auf eine Rückzahlung der dem Nürburgring gewährten Darlehen verzichtete. Das Land machte einen Vorschlag, der diesen Verzicht vorsah, aber im laufenden Jahr nicht mehr zum Tragen kam.

Im Steuerstreit mit den Gemeinden zog die Nürburgring GmbH den kürzeren: Das Finanzgericht Rheinland-Pfalz entschied, daß die GmbH Grundsteuer zahlen müsse. Dieser Spruch hob praktisch auch die Gemeinnützigkeit der Gesellschaft auf.

Im Rahmen des ADAC-Eifelrennens wurde 1965 auch der Große Preis für Motorräder auf der Südschleife gefahren. Dennoch kamen keine 50 000 Zuschauer. Der Motorradsport war damals etwas ins Abseits geraten. Doch auch das 1000-Kilometer-Rennen büßte gegenüber dem Vorjahr rund 20 000 Besucher ein, während der Große Preis der Formel 1 die Hunderttausendergrenze wieder leicht überschritt. Jim Clark, damals wohl der beste Rennfahrer der Welt und auf dem Nürburgring zweimal knapp gescheitert, gewann das Rennen und fuhr mit seinem Lotus in 8:24,1 Minuten (162,9 km/h) auch neuen Rundenrekord. Einen neuen Rekord meldete 1965 auch der Nürburgring-Touristenverkehr. 115 935 Fahrzeuge fuhren über den Ring, und ihre Insassen zahlten für das Vergnügen insgesamt fast eine halbe Million Mark.

1966 blieb das Gesamtzuschaueraufkommen etwa gleich hoch wie 1965. Eifelrennen und Großer Preis von Deutschland, den Jack Brabham auf seiner Eigenkonstruktion gewann, nannten zwar rückläufige Zahlen, das 1000-Kilometer-Rennen jedoch meldete knapp 105 000 zahlende Gäste, die einen Sieg der amerikanisch/schwedischen Kombination Phil Hill/Joakim Bonnier auf einem 5,1-Liter-Chaparral mit automatischen Getriebe und einem als Bremshilfe konzipierten Heckflügel erlebten. Auch neue Veranstaltungen wie das ADAC-Mittelrhein-Rennen, später 300-Kilometer-Rennen genannt, trugen zum positiven Ergebnis bei.

Zum ersten Mal nach 1927 wurde 1966 wieder die Weltmeisterschaft der Radfahrer auf dem Nürburgring ausgetragen. Vor etwa 100 000 Zuschauern, von denen allerdings nur gut 32 000 Eintritt bezahlt hatten, siegte das deutsche Radsport-Idol Rudi Altig, der auch heute noch keine Gelegenheit ausläßt, sich am Nürburgring sehen zu lassen.

1967, das 40. Jahr des Bestehens, begann für den Nürburgring recht gut. Trotz Regen und Schnee konnte sich Kurt Bosch, nach dem Tod von Jupp Müller dessen Nachfolger als Sportleiter des ADAC Gau Nordrhein und nun auch zum zweitenmal Rennleiter des Eifelrennens, über fast 60 000 zahlende Besucher freuen. Beim 1000-Kilometer-Rennen, das neuen Zuschauerrekord meldete, begann eine Porsche-Siegesserie, die erst Jahre später unterbrochen wurde, als sich das Werk vom Sport zurückzog. Udo Schütz aus Selters und der Amerikaner Joe Buzetta gewannen das Rennen.

Da auch der Große Preis für Formel 1 und

Formel 2 wieder kräftig an Zuschauern zulegte, gab es keinen Grund, pessimistisch in die Zukunft zu schauen, zumal auch durch einen Vertrag sichergestellt wurde, daß auch in Zukunft Zuschüsse von Bund und Land zum Unterhalt und für den Ausbau der Rennstrecke gezahlt werden würden.

Beim Eifelrennen 1968 standen wieder in allen Motorradklassen Läufe zur Weltmeisterschaft auf dem Programm. Brütende Hitze lastete über der Eifel, und das Rennen der 500-cm³-Solomaschinen mußte in der 19. der 26 zu fahrenden Südschleifen-Runden wegen eines in bedrohlicher Nähe der Strecke wütenden Waldbrandes abgebrochen und der zu diesem Zeitpunkt führende Italiener Giacomo Agostini zum Sieger erklärt werden.

Beim Großen Preis von Deutschland für Wagen, zugleich auch wieder GP von Europa, zeigte sich das Eifelwetter am 4. August wieder in einem anderen Extrem. Es wurde wieder eines der berüchtigten Nebel- und Regenrennen. Jakkie Stewart wurde auf seinem Matra-Ford mit den Schwierigkeiten am besten fertig und gewann vor immerhin noch 85 000 Zuschauern.

Die meisten Besucher zog auch 1968 wieder das 1000-Kilometer-Rennen an. 102 241 sahen einen Porsche-Doppelsieg mit den Fahrern Jo Siffert/Vic Elford und Hans Herrmann/Rolf Stommelen.

Fahrerlager-Atmosphäre: Die Rennwagen stehen vor der technischen Abnahme.

1969 wurde der neue Chef der Mainzer Staatskanzlei, Staatssekretär Willibald Hilf, Vorsitzender des Aufsichtsrats. Der neue Aufsichtsratsvorsitzende wird sich sicher gefreut haben, als ihm am Jahresende die Zahlen vorgelegt wurden. Insgesamt zahlten bei den Rennen über 55 000 Zuschauer mehr für ihren Eintritt als im Vorjahr.

Das ADAC-Eifelrennen wurde 1969 erstmals nach langer Zeit wieder auf der Nordschleife ausgetragen und machte gleich einen Riesensprung nach vorn: Fast 71 000 zahlende Zuschauer plädierten für die Nordschleife und bewiesen, daß der Motorsport wieder im Aufwind war. Sicher trug zum großen Interesse auch ein mit Formel-1-Stars bestens besetztes Formel-2-Rennen bei.

Der Porsche-Einsatz gegen starke ausländische Konkurrenz sorgte beim 1000-Kilometer-Rennen dafür, daß wieder über 103 000 Zuschauer kamen, und beim Großen Preis im August zahlten sogar wieder knapp 116 000 Eintritt. Dieser Grand Prix war das Rennen des jungen Belgiers Jacky Ickx, für den der Nürburgring die Rennstrecke schlechthin war, eine Strecke, die er sogar mehr liebte als seinen Heimatkurs

Start zum Grand Prix am 4. August 1968. Regen und Nebel machten Fahrern und Zuschauern das Leben schwer.

SCHOGETTEN
Continental

in Spa/Francorchamps. Ickx pulverisierte mit 7:43,8 Minuten (177,24 km/h) geradezu die magische Acht-Minuten-Grenze.

Der steigenden Zahl der Rennbesucher stand 1969 ein leichtes Absinken des Touristenverkehrs gegenüber. Schuld daran war aber nicht abnehmendes Interesse am Nürburgring, sondern die Tatsache, daß die Rennstrecke sehr stark für Rennveranstaltungen, Lehrgänge und Testfahrten in Anspruch genommen wurde, also für den Touristenverkehr häufig nicht zur Verfügung stand.

Nach dem Großen Preis 1969 schienen sich Gerüchte, verschiedene Formel-1-Fahrer dächten an einen Boykott der Eifelrennstrecke, nicht zu bestätigen. Zwar hatten der in Mainz geborene Österreicher Jochen Rindt, Jackie Stewart, Joakim Bonnier und der Franzose Jean-Pierre Beltoise als Fahrervertreter nach dem Rennen ein Gespräch geführt, bei dem sie einiges am Nürburgring bemängelten, doch es kamen keine offiziellen Forderungen auf den Tisch. Nürburgring-Geschäftsführer Dr. Ludemann hatte auch ein gutes Gewissen, denn immerhin wurden 1969 rund 850 000 Mark für Ausbau und Instandhaltung der Strecke ausgegeben. Als sich dann bis zum Frühjahr 1970 auch niemand von Fahrern und Konstrukteuren hören, geschweige sehen ließ, hielt man die Gerüchte vom Vorjahr für Theaterdonner.

Die Saison 1970 begann auch recht gut. Sowohl das 300-Kilometer-Rennen als auch das Eifelrennen, wieder Weltmeisterschaftslauf für Motorräder, waren gut besucht, und beim 1000-Kilometer-Rennen wurden 114 000 Eintrittskarten verkauft, womit es in die absolute Hitliste der meistbesuchten Nürburgring-Veranstaltungen aufrückte. Das Duell Porsche – Ferrari faszinierte die Massen und wurde vom Porsche-Team Kurt Ahrens/Vic Elford (Braunschweig/England) gewonnen.

Beim AvD liefen zu diesem Zeitpunkt längst die Vorbereitungen für den Großen Preis von Deutschland, der am 2. August stattfinden sollte. Selbst Anfang Juli war AvD-Verwaltungsdirektor Hans Jürgen Linden noch zuversichtlich. Bei den Formel-1-Fahrern, organisiert in der „Grand Prix Driver's Association“ (GPDA) hatte sich aber eine Mehrheit gegen den Nürburgring gebildet. Sprecher der Fahrer war Jochen Rindt. Dies wohl in erster Linie, weil er sowohl Deutsch als auch Englisch sprach. Während in der Frankfurter AvD-Zentrale immer noch Optimismus herrschte, erklärte Rindt am 7. Juli in einem Interview mit der Deutschen Presse-Agentur (dpa): „Wir ziehen alle an einem Strang, die Veranstalter und Rennfahrer. Es geht um den Fortbestand von Rennen überhaupt, denn die sich häufende Zahl von zum Teil tödlichen Unfällen könnte zu einem Verbot führen.“

Zur Nordschleife sagte er: „Auch die bisherigen Sicherheitsplanken an der Nordschleife entsprechen nicht unseren Vorstellungen. Es kommt ganz darauf an, in welchem Winkel man bei einem Unfall auf sie trifft. Ist es ein steiler Winkel, bedeuten sie einen Gefahrenpunkt." Einen Tag nach diesem Interview waren Rindt und Graham Hill am Nürburgring. Sie erklärten den Kurs für „zu gefährlich". Rindt: „Ich bin hier das Opfer des Willens der anderen Fahrer, die sich weigern, auf dem Ring in seiner jetzigen Form zu fahren."

Die Fahrervertreter legten einen Forderungskatalog vor, der in der noch zur Verfügung stehenden Zeit nicht zu erfüllen war. Der AvD sah, daß hier nichts mehr zu machen war, verlegte den Formel-1-Grand-Prix auf das Motodrom in Hockenheim und schrieb für den 2. August auf dem Nürburgring ein Rennen für Formel-2-Rennwagen, Touren- und GT-Wagen aus. Natürlich kamen zu diesem Rennen nicht annähernd so viele Besucher wie zu einem Formel-1-GP. Die Menschen in der Eifelregion spürten den wirtschaftlichen Verlust. Normalerweise rechnete man bei einem Großen Preis mit über fünf Millionen Mark Umsatz im engeren Einzugsbereich des Nürburgrings. Diese Geld fehlte nun. Und das tat weh.

In die Diskussion um die Sicherheit schaltete sich auch die CSI, die Oberste Sportbehörde für den Internationalen Automobilsport, ein. Zusammen mit den Fahrern legte CSI-Mann José Rosinski 104 Punkte fest, wo und wie der Nürburgring geändert werden sollte. Es handelte sich größtenteils um breite Sicherheitsstreifen, Fangzäune und Leitplanken und die Beseitigung von Sprunghügeln.

Rosinski sah damals die Entwicklung des Motorsports vielleicht schon voraus, als er vorschlug, kein Geld in die Nordschleife zu investieren und statt dessen eine neue, kürzere Rennstrecke zu bauen. Dieser Vorschlag wurde heftig vom AvD unter Feuer genommen. Die Veranstalter des Großen Preises befürchteten, an einer kürzeren Strecke nicht mehr genügend Zuschauer unterbringen zu können, um ein Rennen noch kostendeckend zu gestalten.

Die Nürburgring GmbH ließ sich von diesen Argumenten überzeugen und fand auch Unterstützung beim rheinland-pfälzischen Ministerium für Wirtschaft und Verkehr. Ingenieure des Straßenbauamtes in Koblenz ermittelten für den Ring-Umbau Kosten von über 17 Millionen Mark. Bei der Landesregierung in Mainz wußte man, daß Eile geboten war, sollte der Nürburgring nicht zweitklassig werden. Da Bonn sich mit der Zusage, sich an den Umbaukosten zu beteiligen, Zeit ließ, gingen die Mainzer ein Risiko ein: Sie traten finanziell in Vorlage, die Bauarbeiten begannen.

Jochen Rindt,
Sprecher der Formel 1-Fahrer 1970,
und Sportwagen, die auf dem Nürburgring Karriere machten.

Formel 2-Rennwagen in der Südkehre.

Langer Weg in die Zukunft (1971–1984)

Wieder wurde der Nürburgring zu einer Großbaustelle. 200 000 Kubikmeter Erdreich wurden weggebaggert bzw. angeschüttet, die doppelten Leitplanken, die entlang der Strecke angebracht wurden, waren insgesamt 26 Kilometer lang. Trotz der Bauarbeiten mußte der Sportbetrieb weitergehen. Das Publikum hielt dem Ring die Treue. Zur ersten 1971er Veranstaltung, ADAC-300-Kilometer-Rennen, die wegen der Bauarbeiten auf die Südschleife ausweichen mußte, kamen fast 50 000 Zuschauer.

Mit dem ADAC-Eifelrennen war 1927 der Nürburgring eröffnet worden, nun wurde die um- und ausgebaute Nordschleife ebenfalls mit einem Eifelrennen in Betrieb genommen. Sowohl die Motorradfahrer als auch die Formel-1-Stars, die bei diesem Rennen auf Formel-2-Wagen starteten, waren voll des Lobes. Sie gaben Höchstnoten für die neugewonnene Sicherheit. Zu denen, die sich so positiv äußerten, gehörten Emerson Fittipaldi, Carlos Reutemann, Ronnie Peterson und François Cevert, der Sieger des Rennens.

Vielleicht weil die Porsche-Überlegenheit zu groß war, also nicht gerade mit viel Spannung zu rechnen war, ging die Besucherzahl beim 1000-Kilometer-Rennen deutlich zurück. Einen weiteren Anstieg meldete aber der Große Preis der Tourenwagen. Die Rückkehr der Formel 1 nach einem Jahr Pause sahen am 1. August 1971

Die Hatzenbach im Morgengrauen beim 24-Stunden-Rennen 1971.

130 000 Zuschauer. Das Tyrrell-Tandem Jackie Stewart/François Cevert zog eine große Schau ab und gewann in der genannten Reihenfolge. Cevert fuhr mit 7:20,1 Minuten (186,8 km/h) Rundenrekord.

Natürlich war dieser Rekord nicht mit seinen Vorgängern zu vergleichen, denn durch den Umbau war der Nürburgring „schneller" geworden. Er war nun eine Strecke mit vielen Kurven, die aber fast alle recht schnell gefahren werden konnten. Diese Tatsache sollte ihn einige Jahre später in seine größte Krise stürzen.

Noch aber waren sich alle Beteiligten sicher, den Nürburgring für die nächsten 25 Jahre gerüstet zu haben, zumal die GPDA sich nach dem Grand Prix mit folgenden Sätzen vernehmen ließ: *„Die Grand-Prix-Driver's-Association möchte allen, die für die auf dem Nürburgring eingeleiteten umfangreichen Sicherheitsmaßnahmen verantwortlich waren, Achtung zollen. Ihre Mitglieder lobten nach dem Großen Preis von Deutschland einmütig die Art der Verbesserungen. In erfreulicher Weise bezeugen die Schnelligkeit bei der Durchführung der Arbeiten, das schwere finanzielle Opfer und die Mitwirkungsbereitschaft der deutschen Amtsträger, wie empfänglich die veranstaltenden Clubs und die nationalen Stellen für den Wunsch sind, die Sicherheit der Fahrer und Zuschauer an der Rennstrecke zu erhöhen."*

Der Ausbau ging 1972 weiter, und das Jahr begann verheißungsvoll: 63 000 Zuschauer kamen zum ADAC-300-Kilometer-Rennen. Das drei Wochen später ausgetragene Eifelrennen hatte trotz des WM-Prädikats für Motorräder jedoch wieder einen leichten Rückgang zu verzeichnen, und das 1000-Kilometer-Rennen rutschte gar auf 41 000 Zuschauer ab. Dies trotz der Teilnahme von zehn A-Fahrern, von denen zwei, der Australier Tim Schenken und der Schwede Ronnie Peterson, auf einem Ferrari gewannen. Ferrari hieß auch wieder die Marke des Siegerautos beim Großen Preis von Deutschland, der mit 120 000 zahlenden Besuchern deutlich seine Vormachtstellung behauptete. Jacky Ickx gewann vor seinem Markengefährten Clay Regazzoni und fuhr mit 7:13,6 Minuten (189,9 km/h) auch neuen Rundenrekord. Und die Experten fingen schon an zu rechnen, wann denn auf der Nordschleife die Siebenminutengrenze unterschritten würde.

Das ADAC-300-Kilometer-Rennen war mit 74 000 zahlenden Zuschauern 1973 eine glänzende Auftaktveranstaltung, doch schlechtes Wetter verhinderte dann beim Eifelrennen ein paar Wochen später einen besseren Besuch als knapp 50 000, während das 1000-Kilometer-Rennen sich mit knapp 59 000 Besuchern gegenüber dem Vorjahr wieder erholte und der Große Preis der Tourenwagen mit 54 000 Gä-

Umbau des Karussells. Der Bogen wird weiter, die Innenwand flacher.

Im März 1971 regieren die Baufahrzeuge auf der Nordschleife.

Warten vor dem Start auf der „neuen" Nordschleife: Formel-2-Rennwagen beim Eifelrennen 1971.

sten einen Riesenschritt nach vorn machte. Bei diesem Tourenwagen-GP starteten Formel-1-Fahrer wie Jackie Stewart, Emerson Fittipaldi, Niki Lauda, Rolf Stommelen, Hans Joachim Stuck, Jochen Mass, Arturo Merzario und Chris Amon. Ford, BMW und Alfa Romeo waren mit Werksmannschaften vertreten.

124 000 Zuschauer waren beim AvD-Grand-Prix wieder Zeugen eines Tyrrell-Doppelsieges, für den Jackie Stewart und François Cevert sorgten. Die schnellste Runde fuhr der Brasilianer Carlos Pace mit 7:11,4 Minuten (190,6 km/h). Das war natürlich neuer Rundenrekord.

Im Herbst 1973 starb, erst 52jährig, der Geschäftsführer der Nürburgring GmbH, Dr. Everhard Ludemann. Vorübergehend übernahm der stellvertretende Vorsitzende des Aufsichtsrates, Ministerialrat Hüttebräucker, die Leitung der Geschäfte. Am 15. April 1974 wurde dann Martin Urbanus, Jurist und ehemaliger Landrat des Kreises Daun, Geschäftsführer. Nachfolger Hüttebräuckers als stellvertretender Vorsitzender des Aufsichtsrates wurde im Juni desselben Jahres Ministerialdirektor Dr. Heldmann vom Bundesverkehrsministerium.

Wegen der weiter laufenden Umbaumaßnahmen der Nordschleife wurde das 300-Kilometer-Rennen 1974 vom März in den Juni verlegt. Saisoneröffnung war am 28. April mit dem ADAC-Eifelrennen, das wieder Weltmeister-

Start der Formel 1 beim Grand Prix 1971. Vorne Jacky Ickx (Nr. 4) und Jackie Stewart (Nr. 2).

schaftsläufe aller Motorradklassen in seinem Programm hatte. Doch nun geschah im Motorrad-Bereich, was die Formel-1-Fahrer schon 1970 vorexerziert hatten: die Spitzenfahrer boykottierten den Nürburgring.

Unter Führung des Rekordweltmeisters Giacomo Agostini, des Engländers Phil Read und des deutschen Spitzenfahrers Dieter Braun stellten sie nach dem freien Training am Freitag Forderungen zur weiteren Erhöhung der Sicherheit, die in der Kürze der Zeit nicht erfüllt werden konnten, zum Teil auch gar nicht erfüllbar waren. Die Stars und ihre Teams reisten ab, die dennoch 67 000 Zuschauer bewiesen mit ihrer Anwesenheit mehr ihre Treue zum Nürburgring, als

Der Schotte Jackie Stewart siegte beim Grand Prix 1971.

daß sie von dem sportlichen Rumpfprogramm, das zudem noch bei kalt-nassem Wetter über die Bühne ging, begeistert gewesen wären. Die international zuständige Behörde für den Motorradsport, FIM, verurteilte Rennleiter Kurt Bosch zu allem Überfluß noch wegen mangelhafter Sicherheitsvorkehrungen. Nun ist Kurt Bosch nicht der Mann, der sich von so etwas aus dem Gleichgewicht bringen läßt, dennoch war der Boykott für ihn ein Schock. Bosch war es eigentlich damals schon klar, daß die Nordschleife auf lange Sicht als Austragungsort von Weltmeisterschaftsläufen nicht gehalten werden könnte.

Ohne unliebsame Überraschungen lief das ADAC-1000-Kilometer-Rennen ab. Die Distanz

Jacky Ickx nach seinem Sieg im Großen Preis von Deutschland 1972.

Grand Prix vor großer Zuschauerkulisse: Clay Regazzoni 1972 im Karussell.

Das Karussell, eine der bekanntesten Kurven der Nordschleife.

TOTAL
Conti Ts
DUNLOP
Shell
Goodyear

Immer ein erregendes Bild: Das Feld der Rennwagen kurz nach dem Start (1000-km-Rennen 1972).

Betrieb an den Boxen beim Grand Prix 1972.

Hans Joachim Stuck mit dem BMW-Coupé beim 1000-Kilometer-Rennen 1974 am berüchtigten Sprunghügel.

Renntourenwagen, Sportwagen und GT-Fahrzeuge beim 1000-Kilometer-Rennen 1973.

FORD
TOBLERONE
38
Firestone
Firestone
3
TEXACO
TEXACO

Niki Lauda wartet beim Großen Preis der Tourenwagen 1973 an der Box.

war auf 754 Kilometer gekürzt worden, da der ADAC im Hinblick auf die Ölkrise ein Sparsamkeitssignal setzen wollte. Das Rennen hatte auch wieder einen Anstieg bei den Besuchern, ohne allerdings die Zahlen der erst wenige Jahre zurückliegenden Glanzzeiten zu erreichen.

Gut gefüllte Kassen gab es wieder beim Großen Preis von Deutschland für Formel-1-Rennwagen, aber auch der Ärger war schon vorprogrammiert. Ein Teil der Fahrer bekundete auch angesichts der in den vergangenen Jahren geleisteten Arbeit für die Sicherheit und der vielen Millionen Mark, die das alles gekostet hatte, wieder Abneigung. Patrick Depailler und Jody Scheckter waren die Sprecher der Fahrer, die ihre Meinung so zusammenfaßten: „Das große Problem für uns ist, daß die Strecke zu schnell ist, und trotz aller Arbeiten ist sie zu gefährlich. Es wird hier nie genügend Sicherheit geben. Die Länge der Strecke ist weniger schlimm, aber es sind die verdammten schnellen Kurven. Man kann den Kurs jetzt schneller lernen, aber er hat von seiner Gemeinheit nichts verloren."

Die Zeiten, die im Training gefahren wurden, ließen allerdings die Vermutung zu, daß sich die Fahrer um die angeblich fehlende Sicherheit doch wenig Gedanken machten, denn der Österreicher Niki Lauda zum Beispiel prügelte seinen Ferrari in 7:00,8 Minuten (195,36 km/h) über die Nordschleife. Sein Teamgefährte Clay Regazzoni war nur drei Zehntelsekunden langsamer. Die Sieben-Minuten-Grenze war keine unüberwindliche Schwelle mehr. Clay Regazzoni, über dessen Lippen nie ein Wort gegen den Nürburgring gekommen war, gewann dieses Rennen, und Jody Scheckter stellte den Rundenrekord auf 7:11,1 Minuten (190,7 km/h). Für Favorit Niki Lauda hatte der Grand Prix knapp zwei Kilometer gedauert. Beim Anbremsen der Nordkehre war er mit Jody Scheckter kollidiert und ausgeschieden.

Durch die Gerüchte und die Aussagen einzelner Fahrer waren Nürburgring GmbH und AvD gewarnt. Es wurde weiter gearbeitet, weiter investiert. Die Sicherheitsbereiche wurden an einigen Stellen ausgedehnt, an anderen neu angelegt, Fangzäune und Leitplanken wurden neuen Erkenntnissen angeglichen. Dennoch gab es nun keine Ruhe mehr.

Lange vor dem Großen Preis 1975 berichtete die Presse von Bestrebungen innerhalb der Formel 1, auf der Nordschleife nicht mehr zu starten. Die Fahrer bekamen nun auch Rückenstärkung von ihren Teamchefs, die ebenfalls mit dem Nürburgring nicht mehr zufrieden waren. Die Länge der Strecke und die intensiven und damit teuren Abstimmungs- und Testfahrten hatten sie wohl in erster Linie im Auge. Als nun der Große Preis heranrückte, schien dennoch al-

Clay Regazzoni stellte 1975 den „ewigen" Rundenrekord für die Nordschleife auf.

MARTINI RACING
PORSCHE
9
MARTINI RACING
MARTINI
PORSCHE

Bundespräsident Gustav Heinemann und seine Frau Hilda am 2. April 1973 auf dem Nürburgring. Rennfahrer Willi Kauhsen war Gesprächspartner.

Häufig war Dr. Helmut Kohl am Nürburgring. Hier im Jahre 1971 mit Minister Heinrich Holkenbrink (rechts).

Beim 1000-Kilometer-Rennen 1974 fuhr dieser Werks-Porsche trotz Karosserieschadens weiter.

Gespann-Zweikampf auf regennasser Fahrbahn.

Rückansicht der Formel-1-Spitzengruppe
beim GP 1971.

Zwei Ferraris an der Spitze des 1000-Kilometer-Rennens 1972.

Rolf Stommelen im Porsche 936 beim 300-Kilometer-Rennen 1976.

MARTINI
PORSCHE
1
GOODYEAR
Shell
BOSCH
GOODYEAR

les nicht so heiß gegessen zu werden, wie es noch einige Wochen zuvor gekocht worden war. Heiß wurde es den Fahrern und den Zuschauern aus ganz anderen Gründen.

Die Sonne knallte unbarmherzig vom Himmel, und schon nach wenigen Stunden waren die Getränkestände leergekauft. Im Rennen kam es zu einer Serie von Unfällen. Auch Niki Lauda, der sich anschickte, seinen ersten Weltmeistertitel zu gewinnen, hatte Pech. Er gehörte zu den vielen Fahrern, die an diesem Tag von Reifenschäden betroffen wurden. Lauda konnte aber dennoch Dritter werden. Sieger wurde der argentinische Brabham-Pilot Carlos Reutemann. Im Training hatte Lauda mit 6:58,8 Minuten eine grandiose Bestzeit gefahren und damit schon vorab alle die Lügen gestraft, die ihm später nachsagen sollten, der Österreicher hätte den Nürburgring nie beherrscht.

Clay Regazzoni fuhr mit 7:06,4 Minuten im Rennen einen neuen offiziellen Rundenrekord. Damals wußte noch niemand, daß dieser Rekord des großen Kämpfers aus dem Tessin für immer Bestand haben sollte. Der Rekord war damit bei einem Mann, der die Strecke stets gegen seine Fahrerkollegen verteidigt hatte und noch Jahre später kein Verständnis für den absoluten Boykott der Nordschleife durch die Formel 1 aufbringen konnte.

Nach dem Großen Preis von 1975 blieb der Nürburgring im Gespräch. Fahrer und Konstrukteure zogen an einem Strang und kamen immer wieder auf den Nürburgring zu sprechen. Im November ging ein Interview mit Niki Lauda über die Fernschreiber der Presseagenturen. Der Weltmeister erklärte: „In seiner jetzigen Form ist der Nürburgring nicht mehr tragbar. Der Nürburgring war für mich das gefährlichste Rennen der gesamten Saison. Das ist wirklich ein komisches Gefühl, wenn man mit 310 Stundenkilometern im Auto über einen Hügel hupft. Du sitzt drin wie eine Puppe und hast keine Chance, wenn der Wagen hochginge."

Ende Januar 1976 traf dann eine Nachricht aus Brasilien ein, die in der Eifel Wut und Angst zugleich auslöste. Da hieß es, die Formel-1-Fahrer und ein Teil ihrer Arbeitgeber wollten den für den 1. August auf dem Nürburgring vorgesehenen Großen Preis von Deutschland boykottieren. Der AvD bezog deutlich Stellung und erklärte: „Wenn deutscher Grand Prix, dann auf dem Nürburgring." Währenddessen wurde an der Strecke weiter gearbeitet. Rund 20 Millionen Mark waren seit 1970 für mehr Sicherheit investiert worden. Das Ergebnis konnten auch die Mitglieder einer Expertenkommission nicht übersehen, die den Ring am 23. April kritisch unter die Lupe nahmen. Einer ihrer Sprecher, der englische Überlebensexperte Peter Jovitt, damals: „Ich sehe keinen Grund, warum die Formel 1 hier nicht fahren sollte." Derselben Meinung war auch der Abgesandte der CSI, Basil Tye. Es wurden einige Veränderungen wie die Erhöhung der Leitplanken an verschiedenen Stellen und die bessere Abgrenzung mancher Kurven vorgeschlagen, Maßnahmen, die sich leicht bewerkstelligen ließen.

Die Fahrer legten allerdings einen eigenen Forderungskatalog vor, der praktisch weder baulich noch finanziell erfüllbar war. Da hätten Berge abgetragen und Täler aufgefüllt werden müssen. Niki Lauda betonte dann: „Wir fahren in diesem Jahr noch auf dem Nürburgring, um dieser Rennstrecke zu helfen. Wenn unsere Forderungen aber im nächsten Jahr nicht erfüllt sind, werden wir nicht fahren." Natürlich wurde der Österreicher damit zum Buhmann der Nürburgring-Fans. Vor dem Großen Preis von Deutschland wurden Drohungen laut. Eine Zeitung aber forderte „Fairneß gegenüber Lauda" und zeigte auf, daß der Weltmeister durchaus nicht der Mann war, der aus Feigheit den Nürburgring angriff.

Was sich dann am 1. August 1976 ereignete, wird von vielen als „das Schicksalsrennen" des Nürburgrings angesehen. Niki Lauda war als führender Mann der Weltmeisterschaftswertung in die Eifel gekommen, doch im Hintergrund lauerte — allerdings immer noch mit 23 Punkten Abstand — James Hunt. Vor dem Start zum Rennen hatte es geregnet. Mit Ausnahme von Jochen Mass ließen alle Fahrer ihre Wagen mit Regenreifen ausrüsten. Schon in der ersten Runde sahen sie aber, daß Trockenreifen die bessere Wahl gewesen wäre. Während Mass eingangs der zweiten Runde an die Spitze stürmte, ging ein Großteil seiner Konkurrenten zum Reifenwechsel an die Boxen. Unter ihnen auch Lauda, der nun natürlich den verlorenen Boden gutmachen wollte.

In einer Linkskurve zwischen den Streckenabschnitten Exmühle und Bergwerk kam Lauda mit dem linken Vorderrad und einem Teil des Wagens auf die Oberkante des Bordsteins. Der Ferrari schleuderte nach rechts über die Rennstrecke, durchschlug die Fangzäune, prallte gegen die dort aufragende Felswand und wurde von dieser auf die Strecke zurückgeschleudert. Die Wagen des Mannheimers Harald Ertl und des Amerikaners Brett Lunger knallten in das brennende Ferrari-Wrack, in dem immer noch Lauda saß. Ertl, Lunger und andere Fahrer, die rechtzeitig hatten halten können, zogen den Österreicher aus dem brennenden Wagen. Laudas Verletzungen stellten sich als viel schwerer heraus, als zunächst angenommen und bekanntgegeben worden war. Tagelang rang der Weltmeister in einer Ludwigshafener Spezialklinik mit dem Tod. Die schweren Narben der erlittenen Brandverletzungen im Gesicht und am

Hans Heyer im Ford-Zakspeed-Capri Turbo beim Super-Sprint 1979.

Faszinierendes Motorrad-Duell zwischen Toni Mang (vorne)
und Martin Wimmer bei der Deutschen TT 1981.

Kopf zeichneten Lauda wohl für immer. Nach diesem Unfall glaubte eigentlich niemand mehr daran, daß auf der Nordschleife noch einmal ein Formel-1-Weltmeisterschaftslauf stattfinden würde. Offen ausgesprochen wurde das aber nicht. Bei den Verantwortlichen wurden kurz nach diesem Rennen Überlegungen aus dem Jahr 1974 intensiviert, die den Bau einer Kurzrennstrecke zum Inhalt hatten.

42 Tage nach seinem schweren Unfall auf dem Nürburgring wird Niki Lauda Vierter beim Großen Preis von Italien in Monza. Die Diskussionen um den Nürburgring gehen weiter. Sie sind durch den Lauda-Unfall nicht ausgelöst, wohl aber beschleunigt und aktualisiert worden. Bei der Nürburgring GmbH hatte man sich schon seit 1974 mit der Möglichkeit befaßt, eine neue, kürzere Rennstrecke zu bauen. Beim Straßenbauamt Koblenz war eine Planskizze als Denkmodell ausgearbeitet worden. Dieses Plans erinnert man sich jetzt, Ende 1976, wieder.

Zögernd noch setzt sich die Erkenntnis durch, daß die Nordschleife auf Dauer als Grand-Prix-Kurs nicht mehr zu halten ist. Es wird klar, daß diese Strecke in ihrer großen Schönheit, in ihrer Herausforderung für den Fahrer und in ihren höchsten Anforderungen an das Fahrzeug zwar weiterhin Nummer eins ist, daß sie aber dennoch nicht mehr allen Anforderungen der Fahrer und Konstrukteure genügt, daß die

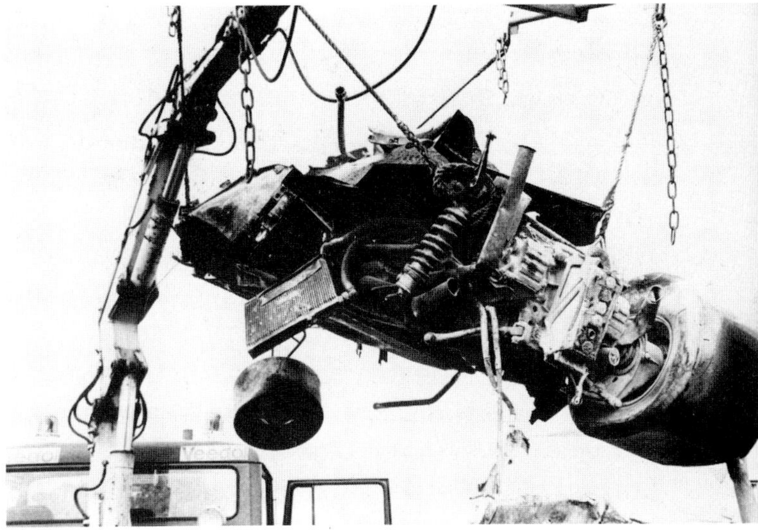

Das Wrack von Niki Laudas Ferrari nach dem schweren Unfall von 1976.

Beim Großen Preis von Deutschland 1974 kollidierte Niki Laudas Ferrari (Nr. 12) vor der Nordkehre mit Scheckters Tyrrell.

Fahrzeuge an ihr vorbeikonstruiert worden sind. Die Veranstalter stehen in dieser Situation fest zum Nürburgring. Doch auch sie wissen, daß eine kürzere Strecke ihnen bei manchen Rennen das Leben leichter machen würde. Die fast 23 Kilometer lange Nordschleife erfordert nun einmal ein riesengroßes Aufgebot an Sicherheitspersonal, sie ist daher erheblich teurer als eine kürzere Strecke. Dieses Argument wird in den vielen Gesprächen mit ins Feld geführt, wenn auch immer noch versucht wird, die Nordschleife für den großen internationalen Motorsport zu retten. In diesen Tagen ist oft der Satz zu hören: „Rennwagen müssen sich nach den Rennstrecken richten, nicht umgekehrt."

Hilfreich ist es in der Sache gerade nicht, daß zwei verschiedene Forderungskataloge für einen weiteren Ausbau der Nordschleife vorliegen. Der eine stammt von der CSI und ist, so der damalige Chef der Mainzer Staatskanzlei, Professor Dr. Waldemar Schreckenberger, in der Antwort auf eine SPD-Anfrage, schon erfüllt bzw. erfüllbar. Der andere stammt von den Fahrern der GPDA und ist nicht zu erfüllen.

1977 macht der Nürburgring zunächst durch ein Ereignis Schlagzeilen, das nichts mit der Strecke selbst zu tun hat. Das „Elefantentreffen", seit vielen Jahren eine sich jährlich im Januar oder Februar wiederholende Zusammenkunft von Motorradfahrern aus der ganzen Welt, wird zu einer Orgie von Vandalismus und Prügeleien. In einem Festzelt tobt eine Rockergruppe und bringt die zur Hilfe gerufenen Polizisten in arge Bedrängnis. Ein Polizist zieht die Pistole und erschießt in Notwehr einen der alkoholisierten Schläger. Damit ist das „Elefantentreffen", das einst als Erfahrungs- und Meinungsaustausch von Motorradfahrern begonnen hat und in seinen besten Zeiten bis zu 30 000 Motorradfahrer und noch mehr Besucher anlockte, nicht mehr tragbar. Die GmbH beschließt, den Veranstaltern keine Genehmigung für das Treffen mehr zu erteilen.

Der 23. März 1977 ist ein trüber Tag. Nebel hängt in den Eifeltälern, kalte Regenschauer gehen hin und wieder nieder. Für den Nürburgring wird dieser Tag grau bleiben. Eine international besetzte Kommission hat sich zur Begutachtung der Rennstrecke angesagt. Basil Tye, der Mann, der in seinen Urteilen bis zu diesem Tag keine klare Linie gezeigt hat, gehört ihr an, auch Herbert Linge, der erfolgreiche Rennfahrer und Experte für Sicherheit. Fachlich ist er der kompetenteste Mann. Die Entscheidung jedoch, ob auf dem Nürburgring noch einmal ein Grand Prix für Formel-1-Rennwagen gefahren wird oder nicht, liegt bei anderen. Bei Niki Lauda und dem Iren John Watson, die als Fahrervertreter auch das Vertrauen des Konstrukteur-Sprechers Bernie Ecclestone haben. Die „Begehung" ist eine Befahrung und recht kurz. Lauda erklärt im Anschluß daran kurz und bündig: „Von unseren seinerzeit gestellten Forderungen ist keine erfüllt worden. Hier fahren wir nicht mehr." Was längst allen klar war, ist nun offiziell.

Für Nürburgring-Aufsichtsrat und -Geschäftsführung sowie die an politischen Entscheidungsprozessen Beteiligten beginnt eine Zeit, die von einem Wechselbad aus Optimis-

Niki Lauda beim Großen Preis von Deutschland 1975.
Trotz eines Reifenschadens wurde er Dritter.

12
Niki Lauda
Agip
GOODYEAR
arexons
SKF
CHAMPION

mus und Hoffnungslosigkeit, zunächst aber von Vorgesprächen, Entwürfen und Planungen gekennzeichnet ist.

Den Vorsitz im Aufsichtsrat hat im Dezember 1976 Alfons Schwarz, Staatssekretär im rheinland-pfälzischen Ministerium für Wirtschaft und Verkehr übernommen. Im März 1977 wird Dr. Egon Plümer Nachfolger von Dr. Christoph Stollenwerk als Landrat des Kreises Ahrweiler. Der junge Landrat wird gleich in das rauhe „Nürburgring-Wasser" geworfen – und er schwimmt. Dr. Plümer erkennt die Gefahr, die der Region droht, wenn der Nürburgring nicht mehr funktionsfähig als Rennstrecke ist, wenn er nicht mehr den großen Kristallisationspunkt des motorisierten Touristenverkehrs in der Eifel darstellt. Der Landrat wird zum Wanderprediger für den Bau einer neuen, modernen Rennstrecke im Nürburgring-Bereich. Für ihn, der selbst gern ein Rennen sieht, ist der Motorsport nicht Nummer eins bei seinen Überlegungen, sondern ihn interessiert der Motorsport in erster Linie als Antriebskraft der Konjunktur dieses wirtschaftlich schwachen Raumes.

Erste Planskizzen für eine kürzere Rennstrecke kommen auf den Tisch. Aus einer Expertenrunde von Vertretern der Motorsportverbände, der Nürburgring GmbH und des Straßenbauamtes Koblenz, die bereits im November 1976 zum erstenmal zusammengetreten ist, wird eine Kommission, die die gesamte Planungs- und Bauphase beratend begleiten soll.

Der Rennbetrieb geht natürlich auch 1977 weiter, wenn auch der Große Preis der Formel 1 in das badensische Hockenheim verlegt wird. Dennoch wird das Jahr seines 50jährigen Bestehens für den Nürburgring nicht zum Katastrophenjahr, wenn auch das Fehlen des Großen Preises in den Kassen der Nürburgring GmbH und der Gastronomie im Umland einige Lücken läßt. Die gebliebenen Veranstaltungen gehen zum Teil mit viel Erfolg über die Bühne. Beim ADAC-Eifelrennen wird das Ring-Jubiläum gefeiert. Viele Fahrer, die auf dem Nürburgring Motorsportgeschichte geschrieben haben, sind dabei. Ministerpräsident Dr. Bernhard Vogel aber steht im Kreuzfeuer der Journalistenfragen: „Wird ein neuer Nürburgring gebaut?"

Die Expertenkommission tagt in dieser Zeit sehr oft. Vertreter der Automobil- und Motorradsportverbände werden hinzugezogen. Die Vorentwürfe für die neue Strecke werden mit ihnen auf die Bedingungen und Forderungen der jeweiligen Motorsportarten abgestimmt. Am Nürburgring ist man sich von Anfang an darüber im klaren, daß bei der gesamten Planung engste Zusammenarbeit mit den internationalen Motorsportgremien eines der wichtigsten Gebote ist. Natürlich ist das auch taktisch klug, denn so nimmt man die Fachleute von CSI (Wagensport) und FIM (Motorradsport) mit in die Verantwortung. Äußerst wichtig ist, daß mit Herbert Linge ein Experte in der Planungskommission sitzt, der seine Erfahrungen sowohl als Rennfahrer als auch als Versuchsingenieur gesammelt hat. Linge, der auch die ONS-Sicherheitsstaffel aufgebaut hat, ist in der ganzen Motorsportwelt als „Sicherheitspapst" respektiert. Er sorgt auch dafür, daß die Firma Porsche ihren Computer im Weissacher Versuchszentrum für den Nürburgring rechnen läßt. Hier werden aufgrund von Planskizzen Kurvengeschwindigkeiten, mögliche Höchstgeschwindigkeiten für bestimmte Rennwagenkategorien, die notwendige Tiefe der Sicherheitsräume und die Anordnungen von Leitplanken und Fangzäunen errechnet.

Ein Damoklesschwert, das fast von Beginn des Jahres an über dem Nürburgring schwebte, wird im Juni 1977 zurückgezogen. Die CSI hatte gedroht, den Nürburgring ab 1978 nicht einmal mehr für internationale Rennen der unter der Formel 1 angesiedelten Kategorien, ja nicht einmal für Tourenwagen international zuzulassen. Otto Flimm, Vorsitzender des ADAC Gau Nordrhein, und Herbert Linge sind dann aber bei der CSI auf die Barrikaden gegangen. Für zunächst drei Jahre haben die Herren in Paris dem Nürburgring ihren Segen gegeben.

In die „gute alte Zeit" fühlen sich die Nürburgring-Besucher am zweiten Augustwochenende zurückversetzt. Der Oldtimer-Grand-Prix des AvD, seit Jahren das Mekka aller Freunde historischer Renn- und Sportwagen, wird dem Jubiläumsjahr der Rennstrecke großartig gerecht. In erster Linie trägt dazu Daimler-Benz bei. Die Mercedes-Leute haben einfach alles an Prominenz von Fahrern und Fahrzeugen, was möglich war, in die Eifel gebracht. Da sind die legendären Rennwagen, ansonsten „Bitte-nicht-berühren-Stücke" im Untertürkheimer Firmenmuseum, noch einmal an den Ort zurückgekommen, an dem sie von den besten Fahrern der Welt auf der schwierigsten Rennstrecke der Welt zu Erfolgen pilotiert wurden. Und die Fahrer sind ebenfalls da. Juan Manuel Fangio, Stirling Moss, Karl Kling, Hermann Lang und der immer junge Hans Herrmann lassen die Motoren ihrer ehemaligen Sportgeräte noch einmal aufheulen, freuen sich und sind verwundert zugleich darüber, daß sie beim Publikum noch so bekannt sind, als hätten sie erst gestern noch einen Grand Prix gewonnen.

Während der Sportbetrieb weitergeht, sammelt die Idee eines Kurzstreckenbaus auch politisch Punkte. Zwar wird im Bundestag ein Antrag der CDU/CSU-Fraktion, der Bund möge 1978 für den Nürburgring 15 Millionen Mark als Investitionszuschuß bereitstellen, abgelehnt, doch auch von Teilen der damaligen Regierungskoalition (SPD/FDP) wird generelle Bereitschaft signalisiert, dem Nürburgring und der Eifel zu helfen. Am 3. Oktober faßt der Aufsichtsrat der Nürburgring GmbH unter Vorsitz von Staatssekretär Schwarz den denkwürdigen Beschluß, den Bau einer neuen Kurzrennstrecke im Bereich der ehemaligen Südschleife, die seit Jahren für Motorsportveranstaltungen nicht mehr genutzt wird, zu befürworten. Die Gesellschafter, Bundesrepublik Deutschland, Land Rheinland-Pfalz und Landkreis Ahrweiler, werden gebeten, die für den Neubau erforderlichen Finanzmittel in ihren Haushalten für 1978 und die folgenden Jahre einzuplanen. Es liegen inzwischen Pläne des Straßenbauamtes vor, die eine Strecke von 6,7 Kilometer Länge vorsehen. Geschätzte Kosten für den Bau: 73 Millionen Mark. Für 150 000 Zuschauer sind Plätze vorgesehen.

Nun geht es natürlich um die Antwort auf die alte Frage: Wer soll das bezahlen? Ende Oktober erklären Vertreter aller Parteien ihre Einsicht in die Notwendigkeit der Maßnahme, wollen aber, vor allem die Vertreter von SPD und FDP, eine Beteiligung der Automobilclubs ADAC und AvD erreichen. ADAC-Vize Otto Flimm gibt bekannt, sein Club werde sich „in der einen oder anderen Form finanziell" an dem Neubau beteiligen. Der AvD ist nicht bereit, sich direkt mit Geld zu engagieren.

Im Januar 1978 müssen aufgrund eines Gespräches mit Vertretern der Motorradfahrervertretung FIM und wenige Tage zuvor gegebenen Anregungen der Formel-1-Konstrukteure die Pläne überarbeitet werden. Während die Skizzen immer mehr verfeinert werden, wird weiter über Geld geredet. Bund und Land haben je fünf Millionen Mark in ihren Haushaltsansätzen bereitgestellt, doch noch stehen die Zusagen der entsprechenden Parlamente aus. Das Projekt „Neuer Nürburgring" wird überall diskutiert. Die Stimmung gibt ein Abgeordneter aus Gelsenkirchen anläßlich der Vorstellung des Modells Neuer Nürburgring in der Bonner Landesvertretung von Rheinland-Pfalz wieder: „Ich weiß, wat meine Wähler wollen. Die wollen auf Schalke gehen und nach'm Nürburging fahr'n, woll!"

Im Februar 1978 leitet die Koblenzer Bezirksregierung auf Antrag der Nürburgring GmbH ein raumplanerisches Verfahren für das Gebiet der geplanten Rennstrecke ein. Man will sich, wenn die Zusagen der Finanzen kommen, nicht mit planungsrechtlichen Problemen aufhalten müssen.

Derweil geht der Sport weiter, zeigt sich aber auch, daß das ganze Gerede um den Nürburgring nicht unbedingt den Betrieb ankurbelt. Die meisten Veranstaltungen melden eher bescheidene Zuschauerzahlen, wenn auch der Sport, der geboten wird, gut ist.

Da ist es schon ein Glück, daß der ADAC Nordrhein am 20. August auf der Nordschleife

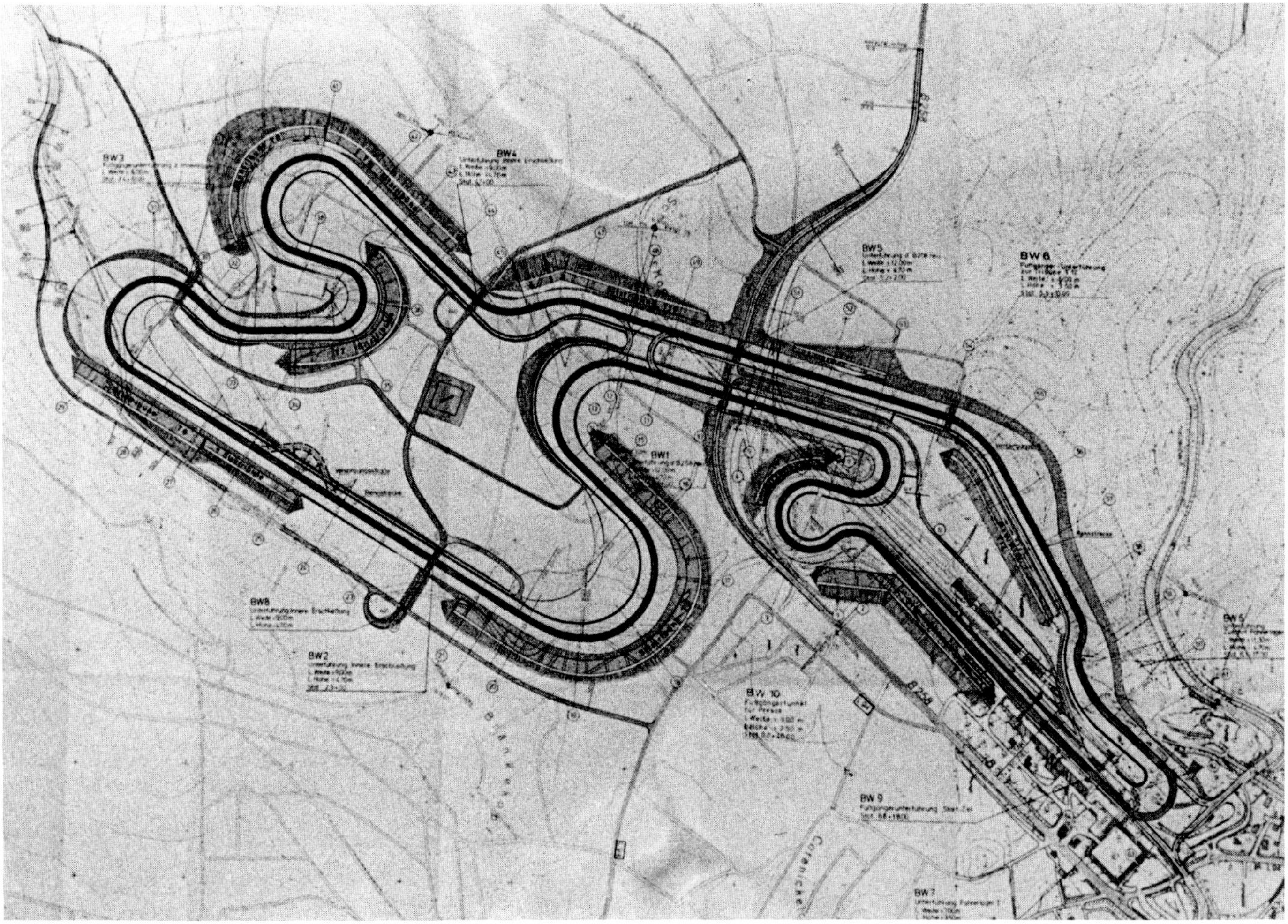

1978 lag dieser Plan für eine 6,7 Kilometer lange neue Rennstrecke vor.

Anton Mang, bewunderter Star auch am Nürburgring.

wieder den Großen Preis von Deutschland für Motorräder ausrichten kann. Der Motorradsport ist gerade dabei, in der Publikumsgunst sogar die Formel 1 zu überflügeln. Auf dem Nürburgring muß an diesem 20. August die Entscheidung in der „Königsklasse“, bei den Maschinen bis 500 cm^3 Hubraum, fallen. Der Amerikaner Kenny Roberts ist Favorit. Eine ungeheure Pressekampagne, in deren Mittelpunkt der kleine Kalifornier steht, geht dem Rennen voran. Sicher hilft auch diese „Promotion“, daß am Rennsonntag wieder einmal rund 100 000 Zuschauer die Nordschleife umlagern. Roberts wird Weltmeister. Er muß dafür noch nicht einmal das Rennen gewinnen, sondern nur seinen Amtsvorgänger Barry Sheene in Schach halten.

Die Motorrad-Stars reden keineswegs von Boykott, machen aber klar, daß sie den Bau eines neuen Nürburgrings erwarten. Roberts: „Auf dieser Nordschleife werden wir nicht ewig fahren. Uns ist zugesagt worden, daß hier oben in den nächsten Jahren ein neuer Kurs gebaut wird. Wir haben jetzt unseren guten Willen gezeigt. Jetzt muß aber auch die andere Seite Wort halten.“

Und dieses Worthalten ist gar nicht so einfach, denn inzwischen ist Sand in die Bonner Bewilligungsmühle geraten. Bevor Geld freigegeben wird, sollen baureife Planungen und sichere Kostenrechnungen auf den Tisch kommen, wird verlangt. Und immer wieder taucht das Gerücht auf, gestärkt von Aussagen einzelner Politiker und den Forderungen des Bundesrechnungshofs, der Bund wolle sich aus der Nürburgring GmbH ganz zurückziehen. Da kann man natürlich auch im Kreis Ahrweiler nicht ruhig bleiben.

Kenny Roberts, „King Kenny", mit seiner Yamaha 500 in der Hohenrainkurve.

In einer Kreistagssitzung am 27. Oktober äußert Landrat Dr. Plümer die Befürchtung, der Bund wolle sich aus der Nürburgring GmbH zurückziehen und sich damit auch der Beteiligung an den Kosten für den Bau einer neuen Rennstrecke entziehen. Die im Kreis vertretenen Fraktionen von CDU, SPD und FDP verabschieden einstimmig eine Resolution an die Bundesregierung, die Landesregierung und die Fraktionsvorsitzenden der in Bundestag und Landtag vertretenen Parteien. In dem Schreiben heißt es unter anderem: *„Mit großer Besorgnis hat der Kreistag von Ahrweiler zur Kenntnis genommen, daß nach Äußerungen von Abgeordneten entgegen bisher gemachten Zusicherungen der Bund nun eventuell doch aus der Nürburgring GmbH ausscheiden und bei neu genannten Forderungen seine Beteiligung an den Investitionskosten für den Bau einer Kurzrennstrecke in Frage stellen würde. Der Nürburgring ist eine der erfolgreichsten Infrastrukturmaßnahmen im Eifelraum in den letzten 50 Jahren. Der wirtschaftliche Schaden für die Eifelregion wäre bei einer Aufgabe* *des Nürburgrings unabsehbar.“* Die Kreistagsmitglieder gehen auch auf die Bedeutung des Nürburgrings für den Motorsport und die Kraftfahrzeugindustrie ein, und schließlich heißt es in der Resolution: *„Wegen der internationalen Bedeutung des Nürburgrings und wegen der Wechselwirkung von Motorsport und der bedeutenden Kraftfahrzeugindustrie der Bundesrepublik müssen unseres Erachtens der Bund und das Land auch nach dem Ausbau der Rennstrecke Gesellschafter der Nürburgring GmbH bleiben, zumal in den vergangenen fünf Jahrzehnten gerade dieser Rundkurs in der Eifel ein Begriff geworden ist und erheblich zur Weltgeltung des deutschen Automobils beigetragen hat. Der neue Nürburgring wird dieser Funktion auch in Zukunft gerecht werden.“*

Am 17. November erteilte der Aufsichtsrat dem Koblenzer Ingenieurbüro Kocks Consult GmbH den Auftrag, die baureife Planung für die neue Rennstrecke auf der Grundlage der Arbeiten des Straßenbauamtes Koblenz zu erstellen. Im März 1979 zieht der Bund seine Sperre für das Nürburgring-Geld zurück. Kreis Ahrweiler und Land Rheinland-Pfalz haben schon vorher positiv reagiert.

Nun müssen natürlich auch die Voraussetzungen für den Nürburgring-Neubau im engsten Bereich selbst geschaffen werden. Da heißt es, bei der Bevölkerung der betreffenden Gemeinden Vertrauen zu gewinnen. Die Menschen in der Eifel sind sicher nicht mißtrauisch, aber sie sind vorsichtig. Vorsichtig vor allem dann, wenn es darum geht, etwas von ihrem Grund und Boden abzugeben. Sie sollen bestimmt nicht übervorteilt werden, doch darf das neue Rennstrekkenprojekt auch nicht durch nicht erfüllbare Forderungen einzelner blockiert werden. Weiter müssen die rechtlichen und planerischen Voraussetzungen für den Rennstreckenbau geschaffen werden.

Am 5. Januar 1979 wird der Planungsverband Nürburgring in Müllenbach gegründet. In ihm sind die Gemeinden zusammengeschlossen, deren Gebiet von dem neuen Nürburgring berührt werden soll. Landrat Plümer ist kein Freund des Versteckspielens, und so fallen, nachdem er die Bedeutung des neuen Nürburgrings und die sich daraus ergebenden Chancen für die Bevölkerung dargelegt hat, auch ganz deutliche Worte zu einem heiklen Thema: „Ich verrate Ihnen kein Geheimnis“, sagt der Landrat den Gemeindevertretern, „daß diese Frage des Grunderwerbs eine der schwierigsten ist, die jetzt vor uns liegen. Und ich verrate Ihnen auch kein Geheimnis, wenn ich Ihnen sage, daß hieran der Neubau des Nürburgrings scheitern kann. Die Gesellschafter Bund und Land werden sich, und zwar recht schnell und zügig, aus dem gesamten Projekt zurückziehen, wenn erkenn-

Radweltmeisterschaft 1978 auf dem Nürburgring. Zum drittenmal nach 1927 und 1966 wurde der Titel in der Eifel vergeben.

bar wird, daß der Nürburgring in diesem Raum nicht gewünscht wird oder wenn einige unverhältnismäßig nur den eigenen Vorteil sehen und nicht den Gemeinnutzen für alle betroffenen Bürger hier um den Nürburgring."

Zum Vorsitzenden des Planungszweckverbandes wählen die Vertreter der Gemeinden Nürburg und der Verbandsgemeinde Adenau Karl Deres, damals noch Landtagsabgeordneter in Mainz, später für die CDU als direkt gewählter Vertreter des Wahlkreises Ahrweiler-Mayen im Bundestag. Deres ist ein Mann, der die Sprache der Eifelaner spricht, der ihre Mentalität kennt, dem sie vertrauen können. Der Einsatz dieses Politikers hat bei den Verhandlungen in den folgenden Jahren sicher manche Unebenheit geglättet, seine offene und bestimmte Art hat manchen Bürger überzeugt, daß man mit dem Nürburgring ein Geschäft machen kann, daß dieses Geschäft aber für beide Seiten akzeptabel sein muß.

Nun, da man sich zunächst einmal aller Sorgen ledig glaubt, rückt der Motorsport wieder in den Vordergrund. Im Mittelpunkt steht das ADAC-1000-Kilometer-Rennen, das zum 25. Mal veranstaltet wird. Zwar ist die Markenweltmeisterschaft 1979 alles andere als eine attraktive Angelegenheit, doch die Zuschauer scheint das wenig zu stören. Sie kommen zwar nicht so zahlreich wie früher, aber ein erheblicher Aufwärtstrend ist festzustellen. Die vielen Presseleute, die aus dem In- und Ausland gekommen sind, wollen nicht allein das Rennen sehen und darüber berichten. Sie interessiert, wie es mit dem Nürburgring weitergehen soll. Besonders die Engländer betonen immer, daß man keine neue Rennstrecke bauen solle. „Die wissen wohl nicht, um was es hier geht. Wir brauchen einen Nürburgring, auf dem Rennen gefahren werden, und keine Museumsstrecke", sagt Geschäftsführer Martin Urbanus. Urbanus selbst scheidet Ende September von seinem Amt als Geschäftsführer der Nürburgring GmbH. Er hat in den wenigen Jahren seiner Tätigkeit am Nürburgring mehr geleistet, als ihm bei seinem Amtsantritt so mancher Kritiker zugetraut hat. Vor allem hat er entscheidend mitgeholfen, daß erste Behördenverfahren für den Neubau in die richtigen Wege geleitet wurden.

Nachfolger von Martin Urbanus auf dem Nürburgring-Chefsessel wird Friedhelm Demandt, Automobilkaufmann mit Erfahrungen als aktiver Motorsportler und im PR-Bereich. Auf den 40jährigen kommen schwere Aufgaben zu. Noch ist der Bau einer neuen Rennstrecke nämlich nicht gesichert, und wieder melden sich die internationalen Motorsportverbände mahnend zu Wort. Sie verweisen auf die Zusagen, mit dem Bau einer neuen Rennstrecke möglichst bald zu beginnen, und machen davon auch die weitere

Tausende von Läufern und Wanderern starten jährlich beim Nürburgring-Lauf.

Nürburgring-Qualifikation für internationale Rennen abhängig. Bei einem Jahresrückblick bilanziert der Motorsport 65 Veranstaltungen, die 1979 auf der Nürburgring-Nordschleife stattgefunden haben. Dabei wird auch auf den damit verbundenen wirtschaftlichen Nutzen für die Eifel verwiesen.

Doch der Baubeginn läßt auf sich warten. Zwar weiß man inzwischen, wie die neue Strekke aussehen soll. Sie soll 6,610 Kilometer lang und überall mindestens zehn Meter breit sein. Zehn Rechts- und sieben Linkskurven sind vorgesehen, zehn Meter breite Randstreifen an den Geraden und bis zu 100 Meter tiefe Sturzräume an den Kurven stehen in den Plänen. Nürburgring-Charakter wird auch dieser Kurs haben. Dafür sorgen nicht nur die 17 vorgesehenen Kurven, sondern auch Steigungen und Gefälle von maximal sieben bzw. sechs Prozent. Die mögliche Durchschnittsgeschwindigkeit, errechnet vom Porsche-Computer auf der Werte-Basis eines Porsche 935, liegt bei 177 km/h, als Höchstgeschwindigkeit werden 319,6 km/h angegeben. Größter Wert wird auf die Sicherheit gelegt. Parallel zur Strecke wird eine Rettungsstraße verlaufen, Verbindungsstraßen führen sternförmig zu einem Hubschrauberlandeplatz im Innenbereich. 12 Tribünen sollen Platz für 150 000 Zuschauer bieten, großzügige Boxenanlagen und ein modernes Fahrerlager gehören natürlich zum Gesamtprojekt. Inzwischen werden auch 100 Millionen als Baukosten genannt. Der Betrag wird später noch steigen. Noch ist auch nicht das gesamte Land angekauft, das für die neue Strecke benötigt wird, obwohl der Kreis Ahrweiler auch in diesem Punkte risikofreudig zu Werke gegangen ist. Der Kreis ist nämlich schon in den Landkauf mit eigenen Mitteln eingestiegen, als das andere Geld noch blockiert war. Am 4. Oktober 1979 haben Arbeiter der Nürburgring GmbH im Außenbereich der Südkehre damit begonnen, Bäume zu fällen, doch das ist, wie sich zeigen soll, keineswegs der Baubeginn gewesen. Im Januar 1980 wird die Absicht des Bundesfinanzministers bekannt, die für den Nürburgring-Neubau im Etatplan 1980 vorgesehenen 10 Millionen Mark zu sperren. Am Nürburgring horcht man auf, ist aber zuversichtlich. Geschäftsführer Demandt am 7. März in einem Zeitungsinterview: „Die Gelder sind nicht gesperrt. Zur Zeit nehmen wir doch von diesem Geld, um Planungskosten zu bezahlen und Grundstücke anzukaufen.“ Im April aber kommt aus Bonn schlimme Kunde: Die im Etat des Verkehrsministerium vorgesehenen zehn Millionen Mark sind gesperrt. Der Verkehrsminister Kurt Gscheidle beruft sich auf Sparanweisungen aus dem Bundesfinanzministerium. Hintergrund der Sparmaßnahmen ist die sogenannte „Türkeihilfe“, ein Beschluß, dem

Gedränge bei der Anfahrt zur Südkehre. ADAC-1000-Kilometer-Rennen 1978.

notleidenden Nato-Partner mit 1,8 Milliarden Mark unter die Arme zu greifen. Alle am Nürburgring Interessierten stehen nun natürlich sofort „auf der Matte“. Verbände und Politiker machen deutlich, daß die Sperrung der zehn Millionen für den Nürburgring das Aus bedeuten kann. Landrat Dr. Plümer zeigt Verständnis für die Bonner Situation und macht das Angebot, der Kreis Ahrweiler werde die nun anstehenden Ausgaben vorfinanzieren, wenn sicher sei, daß der Bund zu einem späteren Zeitpunkt zahlen werde. Die Sperre der Bundesgelder zwingt auch das Land Rheinland-Pfalz, seine vorgesehenen zehn Millionen Mark ebenfalls zurückzuhalten, denn zwischen Bund und Land besteht eine Vereinbarung, daß die Zahlungen des einen von der des anderen Partners abhängig sind.

Jetzt hält es aber auch die Nürburgring-Freunde nicht mehr. Sie gehen, sehr friedlich, aber bestimmt, auf die Straße. Beim Eifelrennen Ende April veranstalten sie Demonstrationen. Unter dem Motto „Rettet den Nürburgring“ fordern sie die Freigabe des gesperrten Geldes und damit den Bau der Kurzrennstrecke. Bundesverkehrsminister Kurt Gscheidle staunt nicht schlecht, als er sich bei einer Moselfahrt zusammen mit Kollegen aus den Nachbarstaaten in Cochem Demonstranten gegenübersieht, die ihm Transparente entgegenstrecken, auf denen steht: „Der Nürburgring darf nicht sterben“ und „Auch unsere Kinder wollen noch zum Nürburgring“. Bei denen, die für „ihren“ Nürburgring auf die Straße gehen, ist auch Heinz Hennerici aus Mayen. „Wir müssen doch dem Minister hier einmal zeigen, daß der Nürburgring nicht nur eine Sache von ein paar Funktionären und Kommunalpolitikern ist, sondern daß die Bevölkerung und die Motorsportler hundertprozentig hinter dem Neubauprojekt stehen. Ich habe eigentlich etwas gegen Demonstrationen, aber diese hier mußte sein“, sagt er. Heinz Hennerici hat im Krieg seinen linken Arm verloren, dennoch hat er es geschafft, einer der erfolgreichsten Rennfahrer bei Langstreckenrennen auf dem Nürburgring zu werden.

Am 30. April hat das Bundeskabinett bei der Beratung des Nachtragshaushalts über die Geld-Sperre zu beschließen. Minister und Ministerialbürokraten werden in den Tagen vorher mit Argumenten, Bittbriefen und Forderungen geradezu bombardiert. Abgeordnete aller Parteien aus Rheinland-Pfalz sprechen sich für den Nürburgring aus, dennoch beschließt das Bundeskabinett am 30. April die vorgeschlagene Streichung der zehn Millionen. Die Reaktionen sind einhellig. Heinrich Holkenbrink, Minister für Wirtschaft und Verkehr in Mainz: „Die Entscheidung der Bundesregierung ist ein schwerer Schlag für die Region um den Nürburgring und

1980 warb beim 1000-Kilometer-Rennen der BMW M 1
von Stuck/Piquet für den Nürburgring.

Rasche Hilfe nach Unfällen gewährleisten Sportwarte und ONS-Streckensicherungsstaffel.

Das Heck eines verunglückten Wagens hat Feuer gefangen.
Es wird sofort gelöscht.

für die ganze Eifel. Der Bau der neuen Rennstrecke trägt erheblich zur Strukturverbesserung dieses Raumes bei und stärkt die Lebensbedingungen der Bevölkerung.“ Landrat Dr. Egon Plümer: „Wir fühlen uns bestraft.“ Die Bürgermeister der Gemeinden Nürburg und Müllenbach befürchten, der Bundesminister für Verkehr wolle sich mit Kaiser Wilhelm II. in eine Reihe stellen, der einmal gesagt haben soll: „Die Eifel ist ein herrliches Jagdrevier — nur schade, daß dort Menschen wohnen.“

Die Diskussion um Sein oder Nichtsein des Nürburgrings drängt das sportliche Geschehen auf den zweiten Platz ab. Dennoch finden alle vorgesehenen Rennen statt. Das ADAC-1000-Kilometer-Rennen gewinnen Rolf Stommelen und Jürgen Barth auf einem Porsche. Besonders Rolf Stommelen, der das Rennen schon 1977 gewonnen hat, gehört zu den Fahrern, derentwegen das Publikum zum Nürburgring kommt. Stommelen hat keine Starallüren, er spricht mit den Leuten in seinem rheinischen Dialekt und ist darüber hinaus gerade auf dem Nürburgring ein unheimlich schneller Mann. Massenbesuch hat 1980 der Große Preis für Motorräder. Der Motorradsport befindet sich auf einem Höhenflug, aber der WM-Lauf auf der Nordschleife hat noch einen ganz besonderen Magneten. Der heißt Toni Mang und stammt aus Inning am Ammersee. Als der schnelle Bayer zum Nürburgring kommt, hat er den Gewinn der Weltmeisterschaft in der Klasse bis 250 cm^3 Hubraum bereits in der Tasche. Er kann aber auch noch Weltmeister in der Klasse bis 350 cm^3 werden. Dazu muß er aber den Südafrikaner John Ekerold schlagen. Dieser ist zu allem entschlossen. „Entweder ich werde Weltmeister — oder ich stürze“, sagt er vor dem Rennen. Er wird dann auch Weltmeister, denn er schlägt nach einem atemberaubenden Rennen Toni Mang.

Fast atemberaubend ist auch der Kampf um den neuen Nürburgring. Politiker aller Parteien schalten sich ein. Ministerpräsident Dr. Bernhard Vogel erklärt am 11. Mai: „Zum Ausbau des Nürburgrings gibt es keine Alternative für den wirtschaftlichen Aufbau der strukturschwachen Eifel. Der Nürburgring ist eine Lebensgrundlage dieses Landesteils.“ Vogel fordert die Bundesregierung auf, die Streichung der zehn Millionen Mark für den Nürburgring rückgängig zu machen, äußert Verständnis für notwendige Kürzungen von Haushaltsansätzen, verweist aber auch darauf, daß nur der Nürburgring von einer Totalstreichung betroffen ist. Inzwischen hat die CDU/CSU-Fraktion im Bundestag mitgeteilt, sie werde sich geschlossen für die Bewilligung der Nürburgring-Millionen einsetzen, Teile der FDP-Fraktion stehen ebenfalls für den Nürburgring ein, und zumindest die SPD-Abgeordneten aus

Rheinland-Pfalz stoßen in das gleiche Horn. Bundesfinanzminister Hans Matthöfer erklärt hingegen: „Ich habe nichts gegen den Nürburgring. Ich habe nur kein Geld."

Die „konzertierte Aktion" der Nürburgring-Neubau-Befürworter zeigt schließlich Wirkung: Am 23. Mai bewilligt der Haushaltsausschuß des Deutschen Bundestages auf Antrag der CDU/CSU aus Haushaltsmitteln des laufenden Jahres 2,4 Millionen Mark plus 7,6 Millionen Mark aus Haushaltsresten des Vorjahres. Damit sind die zehn Bundes-Millionen für 1980 komplett, das Bundesverkehrsministerium mahnt in diesem Zusammenhang beim Land Rheinland-Pfalz „schriftliche Unterlagen über die Kostensteigerungen beim Ausbau des Nürburgrings von 93 auf 160 Millionen Mark" an. Außerdem müssen natürlich Bundestag und Bundesrat durch ihre Zustimmung bei den Beratungen des Nachtragshaushalts endgültig „freie Fahrt" geben. Ministerpräsident Dr. Bernhard Vogel hat an Pfingsten während des 1000-Kilometer-Rennens gegenüber der internationalen Presse erklärt, er rechne fest mit der endgültigen Bewilligung des Geldes „noch vor der parlamentarischen Sommerpause". Doch da ist er, wie sich nun zeigt, zu optimistisch gewesen. Jetzt werden nämlich in rasanter Folge immer höhere Beträge als Baukosten für die neue Strecke genannt. Am 19. Juni meldet dpa: *„Der Bau der neuen Kurzstrecke des Nürburgrings wird nach Angaben des parlamentarischen Staatssekretärs im Bundesfinanzministerium, Karl Haehser, Kosten in Höhe von rund 200 Millionen Mark verursachen. Zu dieser Größenordnung komme eine Berechnung, die Preissteigerungen und die zusätzlichen Maßnahmen am ‚Ring' und in seiner Umgebung berücksichtigt, teilte der Staatssekretär mit. Im Bundeshaushalt 1979 sei von Kosten für den Neubau in Höhe von 73 Millionen Mark ausgegangen worden. Durch spätere Änderungen bei der Planung, beim Anschluß an das Wasserversorgungsnetz, durch Behördenauflagen, Preissteigerungen beim Grunderwerb und Verbesserungen bei der Verkehrsanbindung hätten sich diese Kosten nach dem Stand vom Oktober 1979 auf 102,7 Millionen Mark erhöht. Hinzu kämen Kosten in Höhe von 30,9 Millionen Mark für Straßenbaumaßnahmen sowie für Parkplätze. Ende 1979 sei eine freie Schätzung von Gesamtkosten von 160 bis 165 Millionen Mark ausgegangen. Als neuer Unsicherheitsfaktor komme inzwischen die Forderung nach Umweltschutzmaßnahmen hinzu, deren finanzielles Ausmaß noch nicht zu übersehen sei. Berücksichtige man ferner, daß bis zur Fertigstellung der neuen Rennstrecke einige Jahre vergehen würden, seien Baukosten in Höhe von 200 Millionen Mark durchaus realistisch."*

Geschäftsführer Friedhelm Demandt bei einer Baustellen-Erläuterung.

Politiker und Journalisten waren während der Bauphase oft Gäste an der neuen Rennstrecke.

Staatssekretär Dr. Wolfgang Brix, Vorsitzender des Aufsichtsrates der Nürburgring GmbH, bei einer Informationsveranstaltung im Sporthotel Tribüne.

Dr. Egon Plümer (rechts), Landrat des Kreises Ahrweiler, argumentierte unermüdlich für die neue Rennstrecke.

GOODYEAR
REIFEN
KONI
UNIROYAL REIFEN

MARTINI
MARTINI
MARTINI
UNIROYAL REIFEN
cockpit
cockpit

Während Motorsportanhänger und Eifelbevölkerung weiter bangen und hoffen und der rheinland-pfälzische Minister für Wirtschaft und Verkehr, Heinrich Holkenbrink, seinem Kollegen in Bonn, Kurt Gscheidle, reihenweise Gesprächstermine anbietet, um zu einer endgültigen Vereinbarung zu kommen, ist es wieder einmal der Kreis Ahrweiler, der die Pro-Nürburgring-Argumente um ein äußerst stichhaltiges und wissenschaftlich untermauertes Gutachten bereichert. Am 26. August wird das Gutachten für die Fremdenverkehrsplanung vorgestellt. Die Steigenberger Consulting GmbH hat die Expertise im Auftrag des Kreises Ahrweiler erarbeitet. Im Ergebnis wird die unverzichtbare Bedeutung des Nürburgrings für den Fremdenverkehr dieses Gebietes herausgestellt. Es werden weiter Möglichkeiten aufgezeigt, wie die Rennstrecke Nürburgring in einem Gesamtkonzept mit zusätzlichen touristischen Attraktionen noch besser als in der Vergangenheit verwertet werden kann. Aufgrund dieses Gutachtens beginnen Planungen für neue Einrichtungen am Nürburgring und in seinem Umland. Die Notwendigkeit eines voll nutzbaren Motorsportzentrums in der Eifel ist damit erneut bewiesen, doch immer noch ist nicht klar, wie es nun endgültig weitergehen soll. Daß mit nicht mehr überschaubaren Kostensteigerungen zu rechnen ist, wird allerdings von der Wirklichkeit nicht bestätigt. Die Kostenvoranschläge für drei Brücken liegen sogar um rund neun Prozent unter den ursprünglichen Kostenansätzen. In Mainz aber heißt es weiter „Warten auf Bonn". Als endlich am 19. August ein Gespräch zwischen den Ministern Gscheidle und Holkenbrink zustande kommt, macht der Bundesminister keine klaren und verbindlichen Angaben. Er beruft sich nun darauf, man sei ja seinerzeit von Baukosten in Höhe von 75 Millionen ausgegangen. Jetzt stünden aber 106 Millionen zur Debatte. Da vermöge er nicht zu sagen, ob der Bund mitziehen werde. Längst ist der Nürburgring in die Mühlen der Politik geraten. Beschwörend fordert der CDU-Bundestagsabgeordnete Johann Peter Josten, das Problem interfraktionell zum Wohle der vom Nürburgring abhängigen Bevölkerung zu lösen. Es folgen auch Bemühungen von SPD-Politikern, an ihrer Spitze der Landtagsabgeordnete Dr. Carlheinz Moesta aus Adenau, die das gleiche Ziel verfolgen. Auch Ministerpräsident Vogel schaltet sich wieder in das Verfahren ein. Am 17. September 1980 erklärt er, es gehe nicht „um irgendein Rennen", sondern um eine wichtige strukturpolitische Maßnahme, für die es in der Eifelregion keine vergleichbar aussichtsreiche Initiative gebe.

Anfang Oktober erklärt Minister Gscheidle, der Bund sei durchaus bereit, sich an den Kosten für den Neubau an der Nürburgring GmbH

◀ Die Südkehre, hier ein Bild vom 1000-Kilometer-Rennen 1977, mußte dem neuen Grand-Prix-Kurs weichen.

zu beteiligen, die Kosten müßten aber auf etwa 100 Millionen Mark begrenzt werden.

In Sachen Neubau geht es also langsam voran. Recht schnell läßt es dafür am 19. Oktober Hans Jürgen Orthmann, ein spindeldürrer Langstreckenläufer aus Kirchen-Wehbach (Sieg), auf der Nordschleife angehen. Er gewinnt den zum drittenmal ausgetragenen Nürburgring-Lauf. Auch bei den beiden vorherigen Nürburgring-Läufen hatte jeweils „der Mann mit der Mütze", wie Orthmann genannt wird, ganz oben auf dem Siegerpodest gestanden. Der Nürburgring-Lauf, der immer vier- bis siebentausend Teilnehmer hat, zeigt, daß der Nürburgring nicht nur für den Motorsport genutzt werden kann, sondern sich auch für Massenveranstaltungen wie Volksläufe oder Volksradfahrtage anbietet. Ein geplantes Rock-Festival scheitert allerdings nicht zuletzt am Einspruch der umliegenden Gemeinden.

Trotz des Fehlens der Formel 1 und des Schneckentempos in der Neubauangelegenheit ist der Nürburgring noch nicht in Vergessenheit geraten. Das zeigt besonders deutlich das Ansteigen des Touristenzustroms. Gegenüber 1979 fahren 1980 erheblich mehr Leute gegen eine Gebühr über die Nordschleife. Auch wenn gerade keine Rennen stattfinden, sind oft Tausende an der Strecke oder auf ihr unterwegs. Im Januar 1981, in Bonn gibt es inzwischen den neuen Verkehrsminister Volker Hauff, in der Eifel aber noch keinen neuen Nürburgring, werden Möglichkeiten diskutiert, das Projekt neuer Nürburgring „abzumagern", das heißt, entweder eine kürzere Strecke zu bauen als vorgesehen, oder bei der Ausstattung des geplanten 6,7-Kilometer-Kurses erhebliche Abstriche zu machen. Daß nur so noch die Bundesregierung zum Mitmachen gebracht werden kann, ist auch den Leuten klar, die am 9. Januar den Verein „Ja zum Nürburgring" gründen. Viele von ihnen sind schon bei der früheren Aktion „Rettet den Nürburgring" aktiv gewesen. Dem Verein gehören neben den Motorsportverbänden, Firmen, kommunale Körperschaften und natürlich viele Privatleute an, die sich für den Fortbestand des Nürburgrings einsetzen. Otto Flimm wird zum Vorsitzenden gewählt. Der ADAC-Vize bringt auch gleich eine fette Mitgift ein. Der ADAC stellt nämlich für den Nürburgring-Neubau vier Millionen Mark bereit, die über „Ja zum Nürburgring" zusammen mit zwei Millionen aus Beitragsgeldern und bei Rennen von den Zuschauern gezahlten „Nürburgring-Bausteinen" dem Projekt zufließen. Die Notwendigkeit, die Nürburgring-Neubaupläne „etwas einzukochen", sieht auch Landrat Dr. Egon Plümer, der zum stellvertretenden Vereinsvorsitzenden gewählt wird.

Der Aufsichtsrat der Nürburgring GmbH trägt der Realität Rechnung. In der Sitzung vom

30. Januar 1981 beschließen die Mitglieder den Bau einer 4,1 Kilometer langen Strecke. Ursprünglich vorgesehene aufwendige Neubauten, wie zum Beispiel ein hypermodernes Pressezentrum, werden ganz oder teilweise gestrichen. In einer Presseerklärung heißt es, man habe sich in der neuen Planung auf das Unerläßliche beschränkt. Die nun vorgesehene Strecke soll 79 Millionen Mark kosten. Jeweils 36,5 Millionen Mark sollen die Gesellschafter Bund und Land bezahlen. Für die restlichen sechs Millionen Mark will der Verein „Ja zum Nürburgring" geradestehen.

Da macht sich nun wieder Optimismus in der Eifel breit, und niemand kann behaupten, der Nürburgring sei auf den Hund gekommen, wenn auch gerade das erste Nürburgring-Rennen für Schlittenhunde stattfindet. Damit und mit der Nutzung des Nürburgrings als Langlaufloipe wird unterstrichen, daß die Anlagen der Rennstrecke auch den Wintersportlern zugute kommen. Durch die Verkürzung der neuen Strecke wird es auch leichter, Forderungen von Umweltschützern gerecht zu werden. Große Schwierigkeiten sind ohnehin weder von Umweltorganisationen noch vom Kreisverband der „Grünen" gemacht worden. Hier hat jeder einsehen müssen, daß der weitaus größte Teil der Bevölkerung hinter dem Neubauprojekt steht, daß es sich letztlich für viele um eine Existenzfrage handelt. Weiter werde, so Fachleute, der riesige Bereich der Nordschleife entlastet, wenn die Großveranstaltungen auf der kleinen Strecke stattfänden.

Bundesverkehrsminister Volker Hauff erklärt am 17. Februar der SPD-Landtagsfraktion aus Rheinland-Pfalz, er sei, wenn auch „schweren Herzens" bereit, die „sogenannte Minilösung" mitzutragen. Er knüpft daran die Bedingung, daß nach der Fertigstellung der neuen Strecke der Bund endgültig aus der Nürburgring GmbH ausscheiden könne. Nun geht wieder eine Serie von Gesprächen und Verhandlungen in Szene. In Mainz erkennen die Verantwortlichen, daß der Bund nicht als Mitglied in der Nürburgring GmbH zu halten sein wird. Es geht nun darum, zu einer „Scheidung in beiderseitigem Einvernehmen" zu kommen. Da bei allen Beteiligten guter Wille feststellbar ist, die vorliegenden Pläne für die neue Strecke sind konkretisiert, zeigen sich auch die internationalen Sportbehörden kompromißbereit. Die FISA, wie sich die frühere CSI inzwischen nennt, erteilt die Genehmigung für alle Autorennen unterhalb der Formel 1 bis Ende 1984. Eine endgültige Entscheidung von Bundesseite wird für Ende Mai erwartet. Am 24. Mai findet das ADAC-1000-Kilome-

Bei den Rennen 1983 war der Boxenbereich vor der Tribüne 13.

ADAC
14
le coq sportif
Canon
BOSS
BOSS
Canon

Das alte Start- und Zielgebäude, Stätte von Geschichte und Geschichten,
versinkt in Schutt und Staub.

Oktober 1982: Die Vergangenheit muß der Zukunft Platz machen.
Abbrucharbeiten im Boxenbereich.

ter-Rennen statt. Es kommt zu einem jener Unfälle, die durch die Verkettung einer Reihe unglücklicher Umstände zur Katastrophe werden. Herbert Müller, 41 Jahre alt, exzellenter Kenner des Nürburgrings und einer der erfahrensten Langstreckenrennfahrer der Welt, will in der 14. Runde in einer Rechtskurve einen langsamen Konkurrenten überholen. Müllers Porsche 908 gerät auf einen noch vom Regen feuchten Fahrbahnstreifen neben der Ideallinie. Der Wagen schießt nach links von der Bahn und prallt auf den auf dem Randstreifen abgestellten Porsche 935 des Amerikaners Bobby Rahal. Dieser Wagen war wegen eines Defektes ausgefallen. Beide Wagen stehen sofort in Flammen. Für Herbert Müller gibt es keine Rettung. Neun Jahre vorher hatte er sich bei einem Unfall im Start- und Zielbereich des Nürburgrings, bei dem sein Ferrari mit dem McLaren des Kölners Franz Pesch kollidiert und ebenfalls in Flammen aufgegangen war, aus dem Inferno retten können. Nach einer Beratung mit den Fahrern bricht Rennleiter Ali Schatz das 1000-Kilometer-Rennen 1981 ab. Nach diesem Unfall wird der Ruf nach einer neuen, kürzeren und auch besser abzusichernden Rennstrecke unüberhörbar laut. Und zwei Tage später, am 26. Mai, liegt abends ein Angebot aus Bonn vor. Der Bund will 40 Millionen Mark für den Bau des neuen Nürburgrings herausrücken, aber, wie schon früher von den Ministern Gscheidle und Hauff geäußert, aus der GmbH als Gesellschafter ausscheiden. Beim anderen Gesellschafter, dem Land Rheinland-Pfalz, weiß man, daß dies die letzte Chance ist, auch wenn man mit dem Verbleiben des Bundes in der Gesellschaft glücklicher wäre. Am 24. Juni meldet der Sport-Informationsdienst (sid): *„Der Schlußakt für den Bau des neuen Nürburgrings wurde auf einer Sitzung des Aufsichtsrates der Nürburgring GmbH am Dienstag vollzogen. Dabei wurde der Vertrag über das Ausscheiden des Bundes aus der Gesellschaft unterzeichnet. Die vom Bund geleistete Abstandssumme beträgt 40 Millionen Mark. Sie wurde bereits vergangenen Monat vom Haushaltsausschuß des Deutschen Bundestages bewilligt. Die neue, nun endgültig 4,5 Kilometer lange Rennstrecke soll 79 Millionen Mark kosten. Hauptgesellschafter der Nürburgring GmbH ist ab sofort mit 99,9 Prozent das Land Rheinland-Pfalz, 0,1 Prozent besitzt wie bisher der Landkreis Ahrweiler.*

Eine Veränderung der Gesellschafteranteile soll erst im nächsten Jahr erfolgen. Vor dem offiziellen Baubeginn sind noch Grundstücksfragen mit den Gemeinden Nürburg und Müllenbach zu klären. Da beide Gemeinden stark vom Fremdenverkehr um den Nürburgring profitieren, rechnet die Nürburgring GmbH damit, daß in Kürze auch die letzten Hindernisse für den

Ring-Neubau beseitigt sind.“ Der Kreistag des Kreises Ahrweiler beschließt in seiner Sitzung vom 14. August, wie vom Land angeboten, zunächst drei Prozent der Anteile an der Nürburgring GmbH zu übernehmen. Um genau zu sein: der Kreis hatte bis zu diesem Zeitpunkt nur einen Kleinstanteil von 0,075 Prozent. Der Kreistag beweist mit Beschlüssen, verschiedene notwendige Neuanlagen von Straßen zu übernehmen, daß man alles tun will, den ersten Start auf der neuen Rennstrecke nicht allzusehr hinauszuzögern.

Nun fordert Landrat Dr. Plümer aber auch Einsicht von den Kommunalpolitikern der Gemeinden Nürburg und Müllenbach. Er beschwört sie, den Fortgang der Dinge nicht durch hartnäckiges Pokern in der Grundstücksfrage zu blockieren. Wörtlich sagt er: „Wenn auch die Gemeinden jetzt erhebliche Flächen verkaufen müssen, so müssen sie dennoch bei ihren Forderungen einkalkulieren, welche Zukunftschancen ihnen durch den Neubau des Nürburgrings erwachsen. Ich muß hier schon die Forderung an diese beiden Gemeinden, aber auch an die gesamte Verbandsgemeinde Adenau richten, diese nicht wiederkehrende Chance mit vollem Einsatz zu nutzen und auch Eigeninitiative zu entwickeln. Es gibt wohl keine vergleichbare Mittelgebirgsregion in der Bundesrepublik Deutschland, die in den nächsten Jahren eine solche Fülle von Investitionen erwarten kann. Der Raum um den Nürburgring ist aufgefordert, diese Chance zu nutzen und sie nicht zu vertun.“ Später sagt Dr. Plümer in seiner Rede: „Wir müssen von den umliegenden Gemeinden verlangen, daß sie und auch die Verbandsgemeinde Adenau die gleichen Anstrengungen machen, die wir selbst für den Erhalt des Nürburgrings unternommen haben.“

Jetzt werden die endgültigen Baupläne erarbeitet, Aufträge werden vergeben. Es ist klar, daß für den Ablauf dieser riesigen Baumaßnahme eine zentrale Bauleitung eingerichtet werden muß. Eine Arbeitsgemeinschaft von drei Firmen aus Süddeutschland wird mit dem Projektmanagement betraut.

Am 16. November 1981 scheidet Staatssekretär Alfons Schwarz als Vorsitzender des Aufsichtsrates. Er hat sein Amt in einer für den Nürburgring entscheidenden Phase mit viel Einsatz wahrgenommen und entscheidend zum schließlich guten Ausgang beigetragen. Sein Nachfolger wird Dr. Wolfgang Brix, ein Managertyp, der ebenfalls Staatssekretär im Mainzer Ministerium für Wirtschaft und Verkehr ist. Ihm steht nun, da klar ist, daß ein neuer Nürburgring gebaut wird, aber durchaus keine Zeit beschaulichen Abwartens bevor. Vielmehr gibt es auch während der Bauphase noch genug Klippen, die umschifft werden müssen. Da sind sowohl Durchset-

Die neue Rennstrecke wurde in die Landschaft hineinkomponiert. Das Bild entstand im September 1983.

Größtes Einzelbauwerk für die neue Rennstrecke war die Doppelbrücke über die Bundesstraße im südlichen Bereich. Hier die Baustelle im September 1982.

zungsvermögen als auch Fingerspitzengefühl und Überzeugungskraft erforderlich.

„Was geschieht mit der Nordschleife?“ Das ist eine oft gestellte Frage vom Tag an, da die neue Kurzrennstrecke im oberen Bereich der früheren Südschleife ins Gespräch gekommen ist. Die Antwort ist klar: Die Nordschleife bleibt, abgesehen vom Start- und Zielbereich, der mit dem der neuen Strecke identisch sein wird, erhalten. Die Nordschleife ist für eine Reihe von Motorsportveranstaltungen auch in Zukunft die ideale Bühne. Da ist zum Beispiel der „Langstreckenpokal Nürburgring“, eine Serie von Langstreckenrennen für Tourenwagen, die nur auf der Nordschleife gefahren werden. Meist sind 150 Fahrzeuge am Start, und für die Motorsportkenner sind diese Rennen längst kein Geheimtip mehr.

Die Nordschleife ist aber auch beliebtes und begehrtes Testgelände der Industrie. Das Prädikat „Nürburgring-erprobt“, das es vor dem Zweiten Weltkrieg ganz offiziell gegeben hat, wird zwar nicht mehr genutzt, dennoch tummeln sich auf der Nordschleife tagaus, tagein die Testfahrer der Automobilindustrie und der Zubehörfirmen. Die Anforderungen, die diese Strecke stellt, bietet in dieser Form kein firmeneigener Testkurs, und sie sind auch nicht im Computer zu simulieren. Und sicher wird auch die Nordschleife für Lehrgänge ebenso weiter genutzt werden wie für den Touristenverkehr. Sie bleibt im Gesamtangebot des Motorsportzentrums Nürburgring ein äußerst wichtiger Faktor.

Zunächst aber muß einmal auf dieser Nordschleife das gesamte Motorsportprogramm bis zum Tag der Inbetriebnahme der neuen Strecke abgewickelt werden. Man weiß aber, daß der Start- und Zielbereich im Jahre 1983 nicht zu nutzen sein wird. Ein Jahr völlig ohne Motorsport würde aber nicht nur erhebliche wirtschaftliche Verluste für Nürburgring GmbH und Eifelregion bedeuten, es würde möglicherweise auch die Zuschauer „entwöhnen“. Daher wird eine Lösung vorbereitet, die einerseits die Fortführung des Motorsports 1983 möglich macht, zugleich aber auch, da bleibend, eine weitere Streckenvariante ist. Es wird eine Verbindung von der Hohenrainkurve am Ende der langen Geraden vor Start und Ziel zum Eingang der „Hatzenbach“ gebaut werden.

Zuerst aber wird im südlichen Bereich mit Hochdruck gearbeitet. Günstiges Wetter sorgt dafür, daß Projektleiter Sassen, Geschäftsführer Demandt und Aufsichtsratsvorsitzender Dr. Brix in der ersten Phase des Neubaus immer wieder feststellen können: „Es geht sehr gut voran. Wir liegen im Netzplan, den wir uns gesetzt haben.“

Jetzt bestimmen am Nürburgring riesige Baumaschinen das Geschehen. Wie 1926 sind die Dorfkneipen abends Treffpunkte der Männer, die tagsüber viele Tonnen schwere Lastwagen, Planierraupen und Bagger fahren.

Für Geschäftsführung und Aufsichtsrat ist die Vergabe von Aufträgen mehr als einmal eine heikle Angelegenheit. Denn vor Baubeginn ist immer wieder – auch öffentlich – gesagt worden, daß möglichst viele Aufträge an Firmen aus dem Nürburgring-Umfeld vergeben werden sollen.

Als nun die ersten großen Bauabschnitte von Firmen in Angriff genommen werden, die nicht gerade aus der nächsten Nürburgring-Region kommen, gibt es Beschwerden. Da müssen dann der Aufsichtsratsvorsitzende Dr. Brix und Landrat Dr. Plümer manche Woge glätten und auch manchem Unternehmer klarmachen, daß er für den ein oder anderen Auftrag einfach nicht das erforderliche Baugerät hat. Sie machen aber auch deutlich, daß es noch genug zu tun gibt, was auch auf kleinere Unternehmen zugeschnitten ist.

Tatsächlich wird, wie sich später herausstellt, der neue Nürburgring zu etwa 80 Prozent von Firmen gebaut, die ihren Sitz im Umfeld haben, und auch viele Unternehmer aus Adenau und dem Nürburgring-nahen Eifelgebiet kommen zu ihrem Anteil. Je weiter das Werk fortschreitet, desto mehr kehrt Zufriedenheit ein.

Im Januar 1982 sorgt eine Holzaktion für Aufregung. Um Platz für die neue Rennstrecke zu schaffen, müssen insgesamt 70 Hektar Wald gefällt werden. Das muß obendrein auch noch recht schnell gehen, denn die Bagger sind rascher vorangekommen als zunächst geplant war. Da heuert Karl Holtkotte, der zuständige Forstbeamte, eine Kolonne schwedischer Holzfäller an, die mit Spezialmaschinen die Bäume wie am Fließband umlegen. Und schon ist der Ärger da. „Warum keine Leute von hier oben?“ wird fordernd gefragt. Holtkotte: „Wir haben schon alle unsere Forstarbeiter hier zusammengezogen. Der Auftrag für die Schweden ist nicht groß. Wir müssen aber unbedingt vorankommen.“

Vorankommen, allerdings nicht mit der Motorsäge, sondern mit einem Formel-2-Rennwagen, will beim Eifelrennen 1982 ein junger Blondschopf aus Gießen. Er heißt Stefan Bellof, hat sich im Motorsport vom Kart über die Formel Ford und die Formel 3 in die Formel 2 hochgearbeitet und gilt als ganz großes Talent.

Bellof fährt sein erstes Rennen auf der Nordschleife. Am Sonntag zuvor hat er mit seinem Privat-Pkw mitten im Touristenverkehr seine ersten Runden gedreht. Jetzt fährt er seinen Maurer-Formel 2 bereits wie ein Meister. Schon in der zweiten Runde geht er an Position zwei. Doch dann zwingt ihn ein Reifendefekt an die Box. Weit abgeschlagen geht er wieder ins Rennen und brennt ein Feuerwerk, gemischt aus

Können und Draufgängertum ab. Die Zuschauer jubeln Bellof zu. Sie spüren, daß hier wieder ein deutscher Fahrer heranreift, der das Zeug hat, einer der Großen des Motorsports zu werden. Gewinnen kann er das Rennen nicht mehr, doch er wird mit einer fast unglaublichen Leistung noch Fünfter und fährt eine Formel-2-Rekordrunde, die nur eine Zehntelsekunde langsamer ist als der absolute Formel-1-Rundenrekord von Clay Regazzoni.

Bellof sagt nach dem Rennen: „Natürlich hätte ich gern den Rekord geholt. Jetzt bin ich aber trotzdem froh, daß er bei Regazzoni geblieben ist. Der war in seiner aktiven Zeit ein so großer Nürburgring-Freund, daß ihm dieser Rekord, der ja nun sicher für immer Bestand haben wird, zu gönnen ist." Regazzoni ist seit Jahren nach einem Rennunfall im amerikanischen Long Beach querschnittsgelähmt.

Rekordverdächtig ist zu diesem Zeitpunkt der Fortgang der Bauarbeiten an der neuen Grand-Prix-Strecke. Dem gesetzten Zeitplan sind die Arbeiten im Frühjahr 1982 sogar voraus. Das Interesse, das der Neubau findet, wird immer größer. Geschäftsführer Friedhelm Demandt wird zum Fremdenführer. Er weiß sicher heute selbst nicht mehr genau zu sagen, wie viele Journalisten aus wie vielen Ländern er bei wie vielen Fahrten im Mercedes-Geländewagen durch die Baustelle chauffiert hat.

Auch Pläne und Modelle für die Start- und Zieleinrichtungen werden immer wieder gezeigt, um fotografiert und erläutert zu werden. Dieses Kernstück einer Rennstrecke soll nicht nur gut aussehen, sondern vor allem seiner Funktion gerecht werden. Das Zielhaus ist eine moderne Konstruktion mit auffallend großen Fensterflächen. Über den 30 Racingboxen, jede hat rund 60 Quadratmeter Nutzfläche, befinden sich Pavillons. Sie sind als Räume zur Bewirtung von Gästen während der Veranstaltungen konzipiert und werden von Firmen verschiedener Bereiche angemietet. Diese Pavillons sind eine Einrichtung, die früher am Nürburgring oft schmerzlich vermißt worden ist, da eine Kommunikationsmöglichkeit für die am Rennsport interessierte Industrie fehlte.

Das neue Fahrerlager schließt sich niveaugleich an die Boxen an und hat 30 000 Quadratmeter Stellfläche. „Wir müssen nicht nur zuschauer-, sondern auch fahrerfreundlich sein. Die Teams sollen sich hier wohl fühlen", hat Friedhelm Demandt oft gesagt.

Die Bauleitung wartet im Oktober 1982 sehnsüchtig auf das letzte Rennen, denn erst danach können die Tribüne in der Südkehre, die Boxen und die Start- und Zielgebäude abgerissen und die für den Rennsportbetrieb 1983 erforderliche Verbindung von der Hohenrainkurve zur Hatzenbach mitsamt der Tribüne 13, die für

Stefan Bellof, hier im Maurer Formel 2 beim Eifelrennen 1982, wurde rasch zum Liebling des Nürburgring-Publikums.

eine Saison auch Start- und Zielhaus sein soll, gebaut werden.

Am 28. Oktober heißt es in einer Pressemitteilung der Nürburgring GmbH: „Seit dem 23. Oktober laufen die Bauarbeiten für den neuen Start- und Zielbereich der Kurzrennstrecke Nürburgring. Unmittelbar nach dem letzten Rennen begannen mehrere Unternehmen mit den Demontage- und Abbrucharbeiten.“ Im Schlußsatz steht: „Nach fast einem Jahr störungsfreier Arbeiten in allen Bauabschnitten können alle Beteiligten mit Zufriedenheit feststellen: Alle gesteckten Ziele sind erreicht!“

Eines der wichtigsten dieser Ziele hat immer geheißen: Das Projekt muß im gesteckten Kostenrahmen bleiben. Die vorgesehenen 79 Millionen Mark dürfen nicht überschritten werden. Und auch das wird — wenn auch nur unter massivem Einsatz des Aufsichtsratsvorsitzenden Dr. Brix — geschafft, wie von Bauabschnitt zu Bauabschnitt festgestellt werden kann.

Am 4. November fallen Bagger und Bulldozer in das Nervenzentrum des Nürburgrings, den Start- und Zielbereich ein. Dunlop-Turm und Start- und Zielhaus sind ihre Opfer. Als Informationsinstrument für die Zuschauer ist der Dunlop-Turm 1953 gebaut worden. Er gehört zu den Nürburgring-Wahrzeichen. Unzählige Male ist der auf einer schlanken Betonstütze, die den Aufgang enthält, stehende Turm fotografiert worden. Nun geht es mit ihm zu Ende, zwar nicht brutal mit einer Ladung Dynamit, sondern etwas gemütlicher, mit Baggerlöffeln — aber dennoch endgültig.

Das Zielhaus mit seinem fast musealen Charakter, wo die Türen noch weiß lackiert sind und die Telefonverbindungen noch von Hand gestöpselt werden, muß ebenfalls dran glauben. Wenn es sprechen könnte, es würde die Geschichte der ersten 55 Nürburgring-Jahre erzählen. Da tranken Sieger im Gesellschaftsraum der ersten Etage, ab 1952 war es das „Heuss-Zimmer“, ihren Sekt, da wurde aber auch mancher Frau oder Freundin mitgeteilt, ihr Mann oder Freund sei verunglückt. Szenen jubelnden Siegerglücks und verzweifelter Trauer haben sich hier abgespielt.

Im November 1982 sind auch die Boxen schon verschwunden. Sie waren lange Zeit in der Motorsportwelt beispielhaft und sind schließlich doch vom Fortschritt überholt worden. Dennoch waren sie wegen der einzigartigen Atmosphäre, die hier herrschte, von allen geschätzt.

Wie viele Frauen und Mechaniker sind vor ihnen, Nervosität mehr oder weniger gut verbergend, auf- und abgegangen, haben immer wieder auf die Uhr geschaut, wenn der erwartete Fahrer länger als vorausberechnet auf der fast 23 Kilometer langen Nordschleife blieb?

Der nördliche Bereich der Baustelle im Juli 1983.

UNIROYAL REIFEN
UNIROYAL

Im September 1983 haben auch die Bauten an Start und Ziel bereits Formen angenommen.

Bei den Rennen 1983 befand sich der Start- und Zielbereich vor der Tribüne 13 (im Vordergrund).

Von den großen Langstreckenschlachten kündeten Kritzeleien an den Boxenwänden. Vor und in den Boxen spielten sich wahre Dramen ab, wenn etwa ein Rennwagen beim Tanken in Brand geriet, oder wenn die „verdammte Karre" nach einem Routinestopp nicht mehr anspringen wollte.

Und dann hat es natürlich viele Dinge gegeben, die in Zukunft als Anekdoten weiterleben werden. Etwa die Geschichte von einem Amateurrennfahrer, der an einem 24-Stunden-Rennen für Tourenwagen teilnahm und der festen Glaubens war, Karottensaft sei das beste Mittel für eine Steigerung der Sehkraft. So gab es dann in seiner Box diesen Trank literweise.

Am Morgen nach der langen Nacht kommt einer der Konkurrenten zu dem Saftfreund in die Box. „Was trinkt Ihr denn da?" Ihm wird erklärt, daß Karottensaft „wirklich das größte Wundermittel" ist. Ob es denn auch gewirkt habe, will er wissen. Da bekommt er die Antwort: „Aber klar. Diese Nacht ist an unserem Auto für vier Stunden das Licht ausgefallen. Da sind wir aber einfach weitergefahren, weil wir im dunkeln so gut sehen." Diese und andere Geschichten werden erzählt, während die Gebäude in Schutt und Staub sinken.

Das Schicksal des Dunlop-Turms bleibt seinem „Kollegen", dem Conti-Turm, erspart. Als am 9. Dezember von der „größten Schiebung am Nürburgring" gesprochen wird, ist nicht etwa ein Rennfahrer mit einem unzulässigen Motor erwischt worden, sondern der 1965 gebaute, 635 Tonnen schwere Conti-Turm, so hoch wie ein siebenstöckiges Haus, geht auf Tour. In einer technisch aufwendigen Aktion wird er um insgesamt gut 13 Meter verschoben, so daß er seinen Platz in der neuen Boxenanlage erhält, zunächst aber noch einige Zeit als einsame Erinnerung an vergangene Zeiten allein auf weiter Flur steht.

In den Wintermonaten Anfang 1983 wird mit großem Einsatz an der Querverbindung zwischen Hohenrainkurve und Hatzenbach gearbeitet. Am 27. März soll das ADAC-300-Kilometer-Rennen ausgetragen werden. Anfang Februar ist der Zeitplan noch eingehalten. Aber ein paar Wochen später geraten die Arbeiten leicht in Verzug, da Schnee und Frost einsetzen.

Dennoch ist wenige Tage vor dem 300-Kilometer-Rennen die Verbindungsstraße fertig und in der parallel zu ihr entstehenden Tribüne 13 sind die notwendigen Räume für Rennleitung, Zeitnahme, Streckenreportage usw. betriebsbereit. Die „Nordschleife 1983" ist 20,8 Kilometer lang.

Noch am 21. März steht in einer Zeitung die Überschrift: „Start auf dem Nürburgring steht nichts mehr im Wege." Der Reporter hat seine Rechnung ohne das Wetter gemacht. Am Tag

Anfang April 1984 kehrte der Winter zurück.
Der neue Grand-Prix-Kurs war aber bereits weitgehend fertiggestellt.

vor dem Rennen, das Training müßte eigentlich laufen, fällt massenweise Schnee. Rennleiter Ali Schatz berät sich mit dem Vorstand des ADAC-Gau Mittelrhein. Das Rennen wird abgesagt.

Beim Eifelrennen vier Wochen später besteht die neue, dennoch provisorische Start- und Zielanlage vor der Tribüne 13 ihre Bewährungsprobe.

Beim ADAC-1000-Kilometer-Rennen am letzten Mai-Wochenende geraten die Fans ins Schwärmen, als Stefan Bellof, inzwischen Mitglied der Porsche-Werksmannschaft, mit seinem Porsche 956 auf der Nordschleife ohne den früheren Start- und Zielbereich sowie Süd- und Nordkehre und den beiden langen Geraden, eine Durchschnittsgeschwindigkeit von 202 km/h erreicht.

Im Rennen hat Bellof dann am berühmt-berüchtigten Sprunghügel ausgangs Pflanzgarten einen spektakulären Unfall. Sein Wagen bekommt dort Unterluft, steigt hoch und knallt anschließend abwechselnd rechts und links in die Leitplanken. Bellof bleibt unverletzt.

Der Unfall zeigt aber, daß die Nordschleife für moderne Rennwagen, die zum Beispiel nach dem sogenannten Bodeneffekt-Prinzip konstruiert sind, ein problematisches Betätigungsfeld ist. Zumal dann, wenn in einem solchen Wagen ein Fahrer wie Bellof sitzt, der in seiner draufgängerischen Unbekümmertheit mit Bernd Rosemeyer und Jochen Rindt verglichen wird.

Nach dem 1000-Kilometer-Rennen 1983 wird der Finne Keke Rosberg gefragt, warum denn Bellof am Sprunghügel „abgeflogen“ sei und er, Keke, nicht. Die Antwort: „Ich bin sicher schon zu alt, um an dieser Stelle noch mit Vollgas zu fahren.“ Immerhin ist Rosberg zu diesem Zeitpunkt Weltmeister der Formel-1-Fahrer und bestimmt kein Kind von Traurigkeit, wenn es darum geht, den rechten Fuß möglichst lange und schwer auf dem Gaspedal zu lassen.

Auf das Gaspedal drücken, bildlich, auch die Verantwortlichen und Beteiligten beim Bau der neuen Rennstrecke. Ein „Jahrhundertsommer“ sorgt nicht nur für einen Super-Ahr-Rotwein, sondern auch dafür, daß im Frühjahr durch schlechtes Wetter eingetretene Zeitverluste bald aufgeholt sind. Anfang Juli ist im südlichen Bereich der künftige Verlauf der Strecke schon deutlich zu erkennen, Randsteine werden gesetzt, Tribünen sind im Bau. Einen Monat später wird der erste Teerbelag aufgetragen. Die Baustelle zieht jetzt an den Wochenenden viele tausend Besucher an. An manchen Sommer-Sonntagen hat das Geschehen Volksfestcharakter.

Mitte Oktober ist auf der gesamten Strecke auch die letzte Asphaltschicht aufgetragen, die Hochbauten stehen, alle Unterführungen sind

März 1984: Vor dem Sporthotel Tribüne entsteht der Rohbau des Rennsport-Museums.

CHRISTOPHORUS-

befahrbar, die letzten Tribünen sind fast fertig. Jetzt fehlt noch der Innenausbau. Auch damit und der Installation der Sicherheitseinrichtungen geht es zügig voran.

Währenddessen macht ein weiteres Nürburgring-Projekt Fortschritte. In der Erkenntnis, daß ein internationales Motorsportzentrum mehr bieten muß als nur Rennen, hat der Aufsichtsrat dem Bau eines Rennsportmuseums zugestimmt. Damit wird dem Besucher, der außerhalb der Rennsportveranstaltungen kommt, mehr offeriert als die Möglichkeit, die Rennstrekkenanlagen zu sehen und eventuell eine Runde auf der Rennstrecke zu fahren.

Das Museum ist als eine Stätte geplant, in der sowohl Motorsport-Geschichte und -Gegenwart dargestellt werden. Das Gebäude entsteht unmittelbar vor dem Sporthotel Tribüne und ist zweigeschossig mit einer Gesamtfläche von 2500 Quadratmetern. 40 Autos und 35 Motorräder können hier ausgestellt werden. Sofort zeigt sich, daß der Nürburgring auf Unterstützung zählen kann. Bekannte Automobilhersteller und Zubehörfirmen wollen Ausstellungsstükke zur Verfügung stellen. Das Museum wird so ausgestattet, daß es auch für kulturelle Veranstaltungen genutzt werden kann. Ein verglaster Gang verbindet es mit dem Sporthotel, und in einer Cafeteria im Obergeschoß wird Gastlichkeit geboten.

Das Museum ist ein weiterer Schritt, die Infrastruktur des Nürburgrings und seines Umlandes weiter zu verbessern. Pläne für andere Projekte, z. B. Freizeitpark, Komforthotel usw., werden diskutiert.

Der Nürburgring als Motorsportzentrum soll nicht ohne eine Kart-Strecke bleiben, denn der Kartsport ist nicht nur eine Wachstumsbranche innerhalb des Motorsports, sondern er ist auch die eigentliche Schule des Rennsports auf vier Rädern. Fast nicht mehr zu zählen sind die berühmten Rennfahrer, die Europa- und Weltmeister, die ihre Karrieren auf den rasend schnellen „Sitzen mit Motor“ begonnen haben.

Erich Zakowski, Inhaber eines der bekanntesten Automobil-Rennställe, wird Geschäftspartner der Nürburgring GmbH. „Zakspeed-Kart-Motodrom“ heißt der etwas mehr als ein Kilometer lange Kurs, der im Innenfeld der neuen Grand-Prix-Rennstrecke süd-westlich des neuen Zielhauses angelegt wird.

Am 20. Januar 1984 beschäftigt sich der Kreistag des Kreises Ahrweiler erneut mit dem Nürburgring. Die Mitglieder beschließen, sich mit insgesamt 10 Prozent an der Nürburgring GmbH, deren Stammkapital nun 10 Mio. DM beträgt, zu beteiligen.

Der Aufsichtsrat der Nürburgring GmbH legt, entsprechend dem Baufortgang, den 12. Mai 1984 als Eröffnungstermin fest. Fast ein Jahr

Das hochmoderne Start- und Ziel-Haus und die Boxen mit den Gäste-Pavillons.

lang ist ein eigenes Komitee mit der Vorbereitung dieses Tages beschäftigt. Es organisiert ein Nürbürgringfestival, das Sport, Spiel und Folklore beinhaltet. 12 von 14 noch lebenden Formel-1-Weltmeistern, darunter Juan Manuel Fangio, geben sich ein Stelldichein auf der neuen Strecke.

Die Formel 1 mit Weltmeister Nelson Piquet gehört ebenso zum Programm wie ein attraktives Pop-Konzert, mit dem junge Menschen für den Nürburgring gewonnen werden sollen. Das Deutsche Fernsehen läßt sich diesen Leckerbissen nicht entgehen und sendet das Eröffnungsprogramm live.

Nach Jahren der Enttäuschung, des Hoffens und schließlich zupackender Arbeit ist in der Eifel ein „neuer Nürburgring" entstanden.

Der konsequente Einsatz der Landesregierung von Rheinland-Pfalz unter ihrem Ministerpräsidenten Dr. Bernhard Vogel und das kommunalpolitische Engagement des zuständigen Landrats haben in hohem Maße zu seinem Entstehen beigetragen.

Dieser neue Nürburgring bietet den Motorsportlern eine einzigartige Bühne, gibt der Industrie ein unbestechliches Prüfgelände, ist Trainings- und Übungsstrecke für Rennfahrer und Verkehrsteilnehmer, vor allem aber ist er der wirtschaftliche Mittelpunkt, von dem Impulse für die gesamte Eifelregion ausgehen.

Der Nürburgring ist 1984 wieder das, wofür er vor fast 60 Jahren konzipiert wurde: Heimat des Motorsports und vielen Menschen in seinem Umland der Garant für ein Leben in wirtschaftlicher Sicherheit.

Bildnachweis

Heinrich Esch:
Seite: 7, 12, 13, 15, 49, 77, 82, 83, 84, 85, 91, 93, 99, 101, 104, 105, 107, 108/109, 117 (2), 120, 121, 126/127, 128, 129, 132, 140/141, 148, 149, 151, 153

Kreisbildstelle Ahrweiler:
Seite: 162 (2), 163 (2), 174, 175, 181, 182, 183, 184

Wilhelm Ostgathe:
Seite: 122, 123, 124, 125, 134, 135, 139, 143, 164/165

Porsche:
78, 79, 112 (2), 130, 158, 159, 169

Matthias Linnartz:
Seite: 112

Willi Weber:
Seite: 118, 119

Helmut Kratz:
Seite: 100

Josef Weitz:
Seite: 86, 112, 131 (2), 140/141

Wolfgang Rempath:
Seite: 138

BMW:
Seite: 1, 44, 55, 157

Archiv Auto-Union:
Seite: 36/37 (2), 41, 42

Archiv Nürburgring GmbH:
Seite: 25, 28, 30, 31, 42, 46, 53, 56, 57, 58, 59, 61, 63 (2), 66, 67, 68, 69, 75 (2), 76, 87, 155

Daimler Benz, Archiv:
Seite: 9, 18, 19, 23, 27, 29, 32, 33, 35 (2), 39, 43, 45, 47, 75 (2)

Archiv Zemene:
Seite: 21

Vollrath-Pressebild:
Seite: 51, 189

WIGE-Luftfoto:
Seite: 4, freigegeben vom RP Düsseldorf, Nr. 07 R 06
187, freigegeben vom RP Düsseldorf, Nr. 07 R 07

Nürburgring GmbH, Kammerichs:
Seite: 170, 171, 185

H. P. Seufert:
Seite: 115, 133

Bilstein:
Seite: 113

NÜR BURG RING

Eröffnungsfeier
neuer Nürburgring
12. Mai 1984

TECHNISCHE DATEN

Länge:	4,542 km, Ideallinie 4,494 km
Breite:	mindestens 10 m
Kurven:	14, davon 6 links und 8 rechts
Kurvenradien:	min. 30 m (bei km 0,5) max. 650 m (km 1,4 – 1,8)
Geraden:	11 – längste ca. 750 m (Start-Zielgerade)
Randstreifen:	je 10 m links und rechts an den Geraden, bis zu Außenkurvenbereichen (Sturzräume)
Schutzeinrichtungen:	an den Geraden: links und rechts Doppelleitplanken – dahinter verstärkter Schutzzaun
	in den Kurven: Fangzaunsystem mit 3 bis 6 m Absta dahinter verstärkter Schutzzaun, keir
Steigung:	max. 8,8 % bei km 2,26
Gefälle:	max. 6,5 % bei km 3,15
Höhenunterschied:	ca. 56 m
Rettungsstraße:	Vor der 2. Schutzlinie parallel zur gesamten Strecke mit Zufahrt zur Strecke im Abstand von ca. 300 m.
Streckenvarianten:	a) Neue Start- und Zielschleife, Länge 4,5 km
	b) Verkürzte Start- und Zielschleife durch Querverbind km 1,0 und 2,6; Länge ca. 3,029 km
	c) Nordschleife, durch Verbindungsstraße an die gebunden, Länge ca. 24,5 km
	d) Nordschleife ohne neue Start- und Zielschleife, Läng
Zuschauerplätze:	120.000 Plätze auf Sitz- und Stehtribünen. Alle Tribünen mit modernen Sanitäreinrichtungen und ständen für Speisen und Getränke.

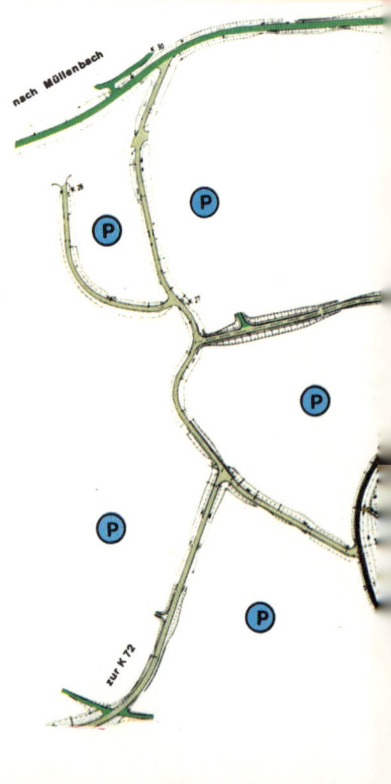